G. GIBERT, s. j.

LES PETITS CHINOIS

OU

LA SAINTE-ENFANCE
au Vicariat de Nankin

Histoires vraies avec des illustrations

* *

DEUXIÈME SÉRIE

P. TÉQUI, LIBRAIRE-ÉDITEUR

RUE BONAPARTE, PARIS-VI°

1926

9° mille

(Édicule de l'Immaculée-Conception, à Zo-sè.)

G. GIBERT, s. j.

LES PETITS CHINOIS

ou

LA SAINTE-ENFANCE

au Vicariat de Nankin

Histoires vraies avec des illustrations

★ ★

DEUXIÈME SÉRIE

P. TÉQUI, LIBRAIRE-ÉDITEUR

82, RUE BONAPARTE, PARIS-VI°

Aux Associés de la Sainte-Enfance

Mes chers Enfants,

Vous avez accueilli les Petits Chinois avec un tel empressement que, en peu de mois, 10.000 exemplaires sont partis de la librairie et courent maintenant à travers le monde. Car un bon nombre ont franchi les océans.

Que Dieu bénisse leur course, et qu'ils suscitent des apôtres, en faisant aimer les Missions et la Sainte-Enfance !

Parmi les lettres que m'ont écrites les lecteurs et les lectrices des Petits Chinois, il y en a de délicieuses. Ah ! si la discrétion ne m'arrêtait, quels jolis passages je vous citerais! Ce sont de jeunes cœurs qui parlent tout naïvement. Leur amour pour Jésus et pour les pauvres âmes païennes m'a bien ému, et il y a, parmi eux et parmi elles, comme ils le disent gentiment, « de la graine de missionnaires ». Daigne le bon Maître faire éclore cette graine et lui faire porter des fruits !

Mes petits correspondants et correspondantes m'ont prié de leur envoyer « d'autres histoires vraies sur les petits Chinois ». Vous le savez, c'est l'usage parmi les enfants. A peine un beau conte fini, tous ce s'écrier : « Encore, encore! Un autre, un autre ! »

Je vous offre donc aujourd'hui cette deuxième série d'histoires vraies et illustrées.

Souhaits chinois.

*Puissent-elles vous faire aimer toujours plus Jésus, Marie, les âmes des enfants idolâtres et notre chère Sainte-Enfance ! Mais n'oubliez jamais que, quand on aime beaucoup, on doit aider de **toutes** ses forces ceux qu'on aime. Je vous rappelle les grands moyens d'aider Jésus à sauver vos petits frères et sœurs de Chine : la prière, la commu-*

nion, l'aumône, les bonnes œuvres, les sacrifices.

Partez donc, petits Chinois, faites du bien à nos chers Associés, avec la grâce du Seigneur Jésus, qui a dit ces belles paroles, les plus solides fondements de la Sainte-Enfance :

« Laissez venir à moi les petits enfants, et ne les empêchez pas. » (Luc, XVIII, 16.)

« C'est la volonté de votre Père qui est dans les cieux, qu'il ne se perde pas un seul de ces petits. » (MATTH., XVIII, 14.)

« Quiconque reçoit un petit enfant en mon nom, me reçoit. » (Luc, IX, 48.)

« Tout ce que vous aurez fait au plus petit d'entre mes frères, c'est à moi que vous l'aurez fait. » (MATTH., XXV, 40.)

Avant de vous quitter, je veux vous offrir de beaux souhaits, à la chinoise. Les quatre caractères de cette inscription signifient : « Respectueux compliments ; nouvelle joie. »

Je prie pour vous, chers enfants ; priez pour votre ami, le missionnaire.

G. GIBERT, s. j.

« Phiphine »

En 1922, une enfant de dix-huit mois arrivait à la prison de *Zao-ou-kieng*, avec sa mère et sa grand'mère, toutes deux condamnées, hélas ! pour leur mauvaise conduite, à être emprisonnées. Pauvre petite fleur blanche, éclose sur un terrain fangeux !

Les *Mou-Mou* (les religieuses), qui visitent régulièrement la prison, avaient pitié de ce bébé, s'étiolant dans une atmosphère malsaine à tout point de vue. Et puis, le régime des prisonniers n'est guère fait pour les jeunes mamans, qui doivent nourrir leur enfant : deux fois par jour, un seul bol de riz non décortiqué, avec un peu de légumes cuits à l'eau !

Les *Mou-Mou* priaient pour la pauvre petite, qui dépérissait à vue d'œil.

A cette époque, un nouveau Directeur de la prison, assez méfiant à l'égard des Mères, fut invité à visiter le *Seng-Mou-yeu*. Emu des soins donnés aux orphelins, de leur bonne tenue, il demanda si nous pourrions recevoir le bébé de la prison et le garder pendant la détention de sa mère.

C'était la réponse de la Providence à nos prières.

Deux jours plus tard, la *Mou-Mou* en parlait à la prisonnière, qui s'écria : « Je te la donne. » Aussitôt, l'acte de donation fut écrit sur papier rouge (en Chine, c'est plus solennel), et signé par les témoins.

A midi, le cher bébé, maigre, jaune, fiévreux, affamé, faisait son entrée à l'Orphelinat. C'était le 1er vendredi du mois de saint Joseph. Aussi, le nom de *Phiphine* (diminutif de Joséphine) sortit spontanément du cœur et des lèvres de la Mère Auxiliatrice, qui reçut dans ses bras la petite échappée de prison.

Très-effarouchée, elle distribua d'abord des coups de pied et des coups de poing (oh ! peu dangereux) à qui l'approchait. Mais, vu sa faiblesse, elle se fatigua vite de ces efforts, et un bol de lait la calma.

La *petite prisonnière*, comme on appelait aussi l'enfant, fut baptisée et nommée, non pas Joséphine, bien qu'elle restât confiée à Saint-Joseph, mais *Marie-Denise*, du nom de sa marraine de France.

Elle se civilisa peu à peu, et aima le grand jardin où jouent les bébés, uniquement occupés à se promener, manger, dormir et prier. Oui, prier, car toutes nos graves intentions leur sont confiées, à ces petites.

Trop souvent, *Phiphine* faisait des séjours à l'infirmerie, quand la fièvre la saisissait. Elle sait bien lorsqu'elle vient : « Cela fait toc, toc, dans mon front, dit-elle. »

Très intelligente, *Marie-Denise* est portée à la piété. Cette année (1925), elle a suivi le catéchisme préparatoire à la première communion, écoutant, questionnant, étonnant sa maîtresse par sa précocité.

Le jour de l'examen, avec ses compagnes, toutes plus grandes qu'elle, arrive *Phiphine*. En la voyant, le missionnaire, curé de *Zi-ka-wei*, demande : « Qu'est-ce que ce petit bout d'homme que vous m'amenez là ? — Avant de l'écarter, mon Père, veuillez bien interroger ce petit bout d'homme », répondit la Mère.

Et *Phiphine*, calme et sûre d'elle-même, satisfit à toutes les questions du Père. Elle expliqua si bien que, en Notre-Seigneur Jésus, il y a deux natures et une seule personne, qu'il est présent partout comme Dieu, mais pas comme homme, qu'il est comme Dieu et comme homme dans l'Eucharistie, etc., que le bon Père en fut ébahi.

Phiphine fut admise à recevoir ce Jésus, dont elle avait si bien parlé. Elle fit sa première communion avec une grande ferveur. A la sainte Table, elle doit se tenir debout ; encore le prêtre se penche-t-il pour lui donner l'Hostie. Rien n'est touchant comme son action de grâces, *tous les jours*. Les personnes même qui ne la connaissent point, remarquent cette toute petite, les mains jointes, la tête inclinée et les yeux fermés, restant au moins dix minutes sans bouger, après la communion.

« Qu'est-ce que tu dis à Jésus, après la communion, *Phiphine?* — Je lui dis bien des fois : Jésus, petit Jésus, je t'aime. Ensuite, je prie pour tout ce qu'on nous a recommandé. »

Est-ce à dire que *Phiphine* soit sans défauts? Non. Et la petite prisonnière serait portée à la vanité. Quand vient le moment d'étudier, elle ne veut pas s'asseoir à côté d'une *sotte* (c'est son expression), *qui étudie trop lentement !* (Il faut se rappeler que les élèves, en Chine, étudient tout haut leurs leçons.)

Au mois d'août 1925, pour la fête de la Mère Supérieure, on joua en chinois, à l'Orphelinat, la jolie scène de sainte Thérèse enfant, entraînant au martyre son petit frère Rodrigue, et rattrapée sur la route par son oncle. C'est *Phiphine* qui représentait Rodrigue, et, bien qu'ayant la fièvre ce jour-là, elle joua parfaitement son rôle.

Sur une image mortuaire, *Phiphine* contemplait un ange emportant au Ciel un enfant. « Est-ce beau, *Phiphine?* — Ah! oui, je voudrais bien aller au

Ciel comme cela, et voir le petit Jésus. Mais on est d'abord mis dans une petite caisse et dans un trou noir ; cela, je ne le veux pas! » Peu après, *Phiphine*

Phiphine (+) dans le rôle de Rodrigue.

confiait à la *Mou-Mou* : « Que si, avant d'aller du petit Jésus, il fallait absolument passer par le trou noir, elle accepterait, pourvu que la Mère vienne aussi et apporte une petite lampe. »

Par son innocence et sa prière, *Phiphine* a déjà gagné une âme de sa famille. Si sa malheureuse mère, sortie de prison, est partie sans même revoir son enfant prédestinée, la grand'mère, condamnée à une détention plus longue, tomba gravement malade, se convertit et mourut baptisée par la *Mou-Mou* qui visite la prison.

Notre *Phiphine* vivra-t-elle? Nous ne savons. Mais dans cette enfant si pure, retirée d'un bourbier, nous constatons et nous admirons l'œuvre de la grâce, et spécialement de la communion quotidienne.

A la poursuite des écoliers

Ah ! vous croyez peut-être qu'ils accourent, au jour de la rentrée, nos écoliers du *Siu-tcheou* oriental? Ils viennent, pensez-vous, se jeter dans les bras du Père, qui les a baptisés et qui veut les conduire au Ciel.

Hélas! hélas! Il faut, avant de rassembler une école comme celle que vous voyez ici, envoyer messagers sur messagers, des catéchistes, des domestiques, des voisins complaisants, etc., pour réclamer les élèves.

Il faut faire seller sa bonne mule et battre la campagne soi-même, pour aller les disputer à leurs parents.

C'est que, mes chers enfants, leurs parents ne comprennent pas encore aussi bien leur devoir chrétien que vos parents à vous.

Le missionnaire arrive donc, rapide comme
l'éclair dans un hameau :

« Comment ! Petit *Pierre* n'est pas encore à
l'école ! Il faut l'envoyer tout de suite.

Une école au Siu-tcheou oriental

— Petit *Pierre* ! mais il est trop petit ! Il n'a pas
huit ans !

— Pas huit ans ! Il en a onze, bien sonnés.

— Ah ! Père spirituel, c'est une erreur.

— Fais venir petit *Pierre*. »

On m'amène un gamin, qui n'a certes pas huit
ans. « C'est toi, petit *Pierre* ? »

Le gosse ne desserre pas les dents. Je suis persuadé
qu'on a emprunté l'enfant d'un voisin ; mais com-

ment le prouver ? Il faudra faire une enquête, et ce n'est pas le moment. Ils ont caché le vrai petit *Pierre !*

Et tous ensemble, ils crient triomphants : « Vous voyez, Père, il est trop petit! Il ne sait pas s'habiller tout seul ; il est trop petit! Il ne peut se passer de sa maman ; il est trop petit, il est trop petit...! »

Que faire ? Patienter. Je n'aurai pas encore petit *Pierre* à mon école, cette année.

Je remonte à mule et je galope chercher *Paul.* La maman de s'écrier :

« *Paul !* Mais, Père, mon *Paul* est trop bête pour étudier. Il n'y a jamais eu un enfant aussi borné d'intelligence.

— Allons, la maman, tu exagères.

— Pas du tout, Père. Cet enfant-là n'apprendrait pas le signe de la Croix en deux mois!

— Pourtant, l'autre jour, causant avec Mme **Yao**, tu vantais son intelligence, et tu disais : Il est malin, débrouillard, habile, etc.

— Oui, Père spirituel, mon *Paul* est fort comme un baudet, il tourne bien la meule; il conduit les bêtes comme le cocher du Gouverneur, il est agile de ses mains. Mais, pour apprendre, il est bête, bête, plus que les bêtes qu'il conduit! »

J'aurai beau faire et beau dire; que puis-je contre une maman qui veut me persuader, sans y croire, que son fils est bête?

Je n'aurai pas encore *Paul* à mon école, cette année.

Je remonte à mule et je galope plus loin.

Jacques est un gentil enfant, intelligent, lui ! Il comprend et retient tout.

« Heureux papa, je te félicite. Vite, envoie ton fils à l'école.

— Impossible, Père ; il va à l'école du Notable.

Paul (à gauche) tourne bien la meule.

J'ai un engagement pour l'année. Un engagement est sacré ; je ne puis le rompre.

— Mais l'an prochain, sans faute ?

— Ah! cela, Père spirituel, je vous le jure. *Jacques* y sera. »

Encore une fois, je remonte à mule. J'arrive chez les parents d'*Antoine*.

« Il me faut *Antoine* à l'école.

— Oh! Père, il garde nos cochons.

— La belle affaire! Un autre les gardera.

— Que dites-vous, Père? Ils n'obéissent qu'à sa voix. Vous riez, Père ; regardez seulement ! »

Je vois le troupeau de gorets noirs (en Chine, les gorets roses sont fort rares), qui se met en marche pour prendre l'air. Le petit gardien, *Antoine*, les précède. Il appelle ses cochons, qui suivent gentiment, frétillant de la queue et grognant de joie. Il les exhorte, leur parle et, comme l'on dit ici, *leur chante la comédie*.

Comment voulez-vous lutter contre ces amours de petits cochons chinois?

Je n'aurai certainement pas *Antoine* à l'école, cette année.

Je remonte à mule, toujours trottant ou galopant après mes écoliers.

A la suite de *Pierre*, *Paul*, *Jacques*, *Antoine*, je vais réclamer *André*, *Etienne*, *Jean*, *Laurent*, *Thaddée*, etc.

Ah ! mes enfants, dans notre brousse chinoise, qu'il faut donc de patience et de persévérance au missionnaire pour rassembler et pour instruire ses écoliers!

Mais quand, enfin, ils sont venus et devenus sages, quelle joie de les voir travailler, de leur apprendre à aimer et servir le bon Dieu !

Priez pour eux, qui sont les protégés de la Sainte-Enfance, dont vous êtes les petits Associés. Car votre Œuvre a pour but, outre le rachat et le baptême, *l'éducation* des enfants païens de la Chine.

J'ai dit : *votre Œuvre*. Je puis bien dire *notre Œuvre*. Car si vous donnez prières, aumônes et sacrifices à Jésus, nous appliquons, nous missionnaires, à nos chers petits Chinois, ces prières, aumônes et sacrifices des enfants catholiques.

Il faut donc qu'ils viennent à l'école, et ils y viendront : *Pierre* le trop petit, *Paul* le trop bête, *Jacques* le prisonnier du Notable, *Antoine* l'habile porcher, et tous les autres.

Ils viendront, par la grâce de Dieu et par les efforts réunis des Associés de la Sainte-Enfance et du missionnaire.

Mais priez, mes enfants!

Un petit qui demande la communion

Un dimanche matin, j'étais au confessionnal, comme de coutume.

Une maman se confessait, pendant que son petit garçon *de cinq ans* rôdait à droite et à gauche.

La mère se retire.

Il faut savoir que les chrétiens chinois saluent le prêtre, avant et après la confession, en se prosternant, pour marquer leur respect à celui qui pardonne leurs péchés au nom de Jésus-Christ.

En même temps que sa mère, l'enfant me salue aussi, et vite se glisse au confessionnal.

Sa tante, qui veut la place, le prend et le rend à sa mère. De fait, on ne l'avait pas préparé à se confesser.

Pendant la Messe, à la communion, le petit suit encore sa maman.

Je passe sans lui donner la communion.

Alors, il pleure et crie bien haut : « Il n'y a qu'à moi que le Père ne donne pas la communion. »

Voilà un enfant chinois qui donne raison au Pape Pie X !

Les chrétiens et les chrétiennes ont été très émus des larmes et des paroles de ce petit de cinq ans.

Assurément, l'Enfant Jésus lui aura souri, et l'amènera bientôt à la sainte Table pour sa première communion. Le missionnaire y pourvoira.

Jésus aime tant les enfants qui le désirent!

Siao P'ang

Elle se nommait Marie-Thérèse, depuis qu'on l'avait ramassée sur la route, au bord d'un champ, et portée au missionnaire, qui l'avait baptisée.

Ses parents n'avaient pas voulu d'elle. Tandis que notre maman, quand nous étions petit, nous éveillait par un baiser, elle avait été rejetée par la sienne ; mais le bon Dieu en avait fait son enfant.

Son nom de famille, nous l'ignorerons toujours.
On l'appelait familièrement *Siao P'ang*, « la

Siao P'ang aux bras d'une élève.

Petite Joufflue ». Car, bien nourrie et soignée par
les vierges de la Présentation, à qui le missionnaire

l'avait confiée, elle avait bonne mine et figure souriante.

Siao P'ang grandissait paisiblement dans une maison *de la Sainte Eglise*, devenue sa seule famille.

Tout le monde l'aimait et la choyait : les vierges, les fillettes de l'école, les mamans qui venaient en visite. On la gâtait même un peu ; elle était si gentille! Et toujours gaie, comme une mésange au printemps!

Je vous présente *Siao P'ang* aux bras d'une grande élève. (Remarquez le vêtement de nos paysannes : un ample pantalon et une sorte de blouse.)

Le missionnaire, qui était le *Père spirituel* de Marie-Thérèse, et qui l'aimait comme son enfant (ne lui avait-il pas donné, par le baptême, la vie la plus précieuse, celle de l'âme?) se disait : « *Siao P'ang* va avoir trois ans, on la gâte trop ici ; il faut la confier à une bonne famille chrétienne, qui l'adoptera et l'élèvera bien. »

Après avoir prié et consulté ses registres, le Père arrêta son choix sur M. et Mme *Yang*, fermiers à l'aise et fervents néophytes, dont les enfants étaient déjà grands et bien élevés, afin de leur proposer *Siao P'ang* pour fille adoptive.

Un dimanche, après la messe, M. *Yang* était venu saluer le Père, avant de regagner sa ferme, située à 10 kilomètres de là.

« M. *Yang*, lui dit le missionnaire, vous plairait-il, à vous et à Mme *Yang*, de recevoir *Siao P'ang* chez vous et de l'adopter pour votre enfant? — Oh! Père, que nous serions heureux! - - Bien. Vous la traiteriez toujours et vous l'établiriez plus tard

comme si elle était votre propre fille. — Père, c'est
là notre intention. (L'adoption est très fréquente en
Chine.) — Parlez-en donc avec Mme *Yang*, réflé-
chissez ; et moi, de mon côté, j'y penserai encore. »

Les dimanches suivants, M. *Yang* assurait le missionnaire que sa femme était d'accord avec lui, et
que tous deux désiraient beaucoup *Siao P'ang*. « Eh
bien! dit enfin le Père, amenez Mme *Yang* en char
à la fête de la Pentecôte, qui est proche, nous si-
gnerons le contrat d'adoption, je bénirai *Siao P'ang*,
et vous l'emmènerez. »

Au jour dit, Mme *Yang* arrivait en char (elle ne
pouvait faire 10 kilomètres sur ses petits pieds, qui
avaient été torturés dans son enfance, à la triste
mode chinoise), afin de se confesser, d'assister à la
Messe, de communier et de ramener *Siao P'ang*.

Les chrétiens, à la sortie de l'église, vinrent saluer le Père, selon l'usage. M. *Yang* passa à son
tour, signa le contrat avec le missionnaire, qui se
réservait tout droit de surveillance sur Marie-
Thérèse, puis reçut un billet pour se faire remettre
l'enfant.

Il y eut bien des larmes, ce jour-là, à l'école des
fillettes, qui voyaient partir leur petite enfant gâtée.
Cependant, M. *Yang*, tout fier et joyeux, portant sur
un bras *Siao P'ang*, que le Père bénit, et tenant de
l'autre main le trousseau, qu'avaient soigneusement
composé les vierges chinoises, rejoignit Mme *Yang*,
non moins heureuse que son mari, et l'on s'en
retourna tous trois à la ferme, où *Siao P'ang* fut
parfaitement élevée.

Mais quelle joie, lorsque, cinq ans plus tard, la

petite protégée de la Sainte-Enfance revint habiter
l'école, pour étudier et se préparer à sa première
communion !

Joseph le prodigue

Si l'enfant prodigue de l'Evangile s'était enfui
une seconde fois après son premier pardon, et si,
une seconde fois, il s'était repenti et jeté dans les
bras de son bon Père, aurait-il été encore pardonné?
— Certainement. Jésus ne se lasse jamais de pardonner : voyez donc combien de fois on se con-
fesse, dans sa vie ! Et il nous ordonne, à nous aussi,
de pardonner « soixante-dix fois sept fois », c'est-à-
dire toujours, à ceux qui nous offensent.

Nous, missionnaires, qui sommes envoyés pour
sauver les pauvres païens et qui aimons tant leurs
âmes, nous devons souvent, avec prudence, mais
avec joie, recevoir à plusieurs reprises le même enfant prodigue. En voici un exemple.

Par une rude soirée d'hiver, j'avais recueilli à la
porte de ma résidence de *Fong-yang*, un enfant,
transi de froid, couvert de haillons et miné par la
dysenterie.

Après l'avoir soigné et guéri, j'avais été touché
de son air simple et ingénu, accompagné d'une certaine distinction de manières, qu'on ne trouve guère

chez les petits vagabonds. Ému au récit de sa misère, je l'avais pris à mon service.

Originaire du *Chan-Tong* (province du Nord), il
avait perdu son père à l'âge de dix ans. Sa mère,

La résidence de *Fong-yang*.

qui n'avait plus aucune ressource pour nourrir un
plus jeune enfant, déclara à l'aîné qu'il devait se
tirer d'affaire tout seul. A dix ans ! Le pauvret était
parti mendier, il s'était loué dans une ferme pour
garder les bœufs. Puis, l'inondation était survenue,
il avait fallu fuir, et il m'était arrivé. En quel état !

Mon petit bonhomme était charmant, intelligent,
actif, soigneux, propre ; presque une perfection ! Il
mettait beaucoup d'ardeur à apprendre les prières
et le catéchisme, et me demandait le baptême avec
insistance.

Quand il fut bien préparé, je le baptisai sous le nom de *Joseph*.

Au bout d'un certain temps, mon *Joseph* commença à se croire un personnage important dans la maison. J'eus beau le réprimander paternellement,

Joseph le prodigue.

son caractère devint si difficile et si querelleur, que je dus, hélas! le renvoyer à sa misère.

Quatre mois après, le prodigue me revenait, dans un état aussi lamentable que la première fois; il me suppliait de le reprendre.

Espérant que la leçon lui servirait, je me laissai toucher; n'étais-je pas son *Père spirituel*, moi qui l'avais baptisé?

Il semblait corrigé et montra de si bonnes dispositions que j'en fis mon cuisinier ; il s'acquitta de sa besogne à merveille, durant quelques années.

Mais j'avais trop présumé de sa constance. Un jour, pendant que j'étais en voyage, j'appris qu'il avait disparu, pour aller se faire soldat! Triste nouvelle ; que deviendrait son âme, dans cette vie des camps?

Or, voilà que la semaine passée, mon portier m'arrive, un soir :

— Père, *Siao San* (c'est le petit nom chinois de mon enfant prodigue) est à la porte. Il demande une chemise, afin de se présenter décemment devant le Père.

— Qu'il vienne tel qu'il est.

Dans quel état je revoyais mon pauvre *Joseph!* Nu-pieds, la chevelure en désordre, à peine vêtu de vieilles loques, n'ayant plus que la peau et les os, un vrai squelette.

Il me raconta son aventure.

A *Nankin*, il s'était présenté dans un camp, persuadé que sa bonne mine, et les habits propres que je lui avais donnés pour m'accompagner dans mes visites, suffiraient bien à le faire engager comme soldat. Tout ce qu'il put obtenir, ce fut un emploi de palefrenier, puis de marmiton, au service d'un mandarin.

Un mois s'était à peine écoulé qu'il tombait malade d'une fièvre typhoïde. Sans soins, il s'affaiblit vite, et bientôt il ne pouvait plus remuer. On le relégua dans un coin, et personne ne s'occupa plus de lui que pour lui apporter, de temps en temps, un maigre bol de riz. Tous ses habits disparaissaient, les uns après les autres, volés sans qu'il puisse les défendre.

Pendant de longues semaines, il resta misérablement étendu sur un peu de paille, presque sans vêtements et sans nourriture. C'est miracle de la miséricorde du bon Dieu et protection de saint Joseph qu'il ne soit pas mort!

Dès qu'il put se traîner, il se mit en route pour me revenir, par petites journées, et sous la pluie pendant une partie du voyage.

Le voilà qui implore ma pitié, reconnaissant que Dieu l'a puni, et me conjurant de le recevoir encore.

Qu'auriez-vous fait à ma place? Ce que j'ai fait. Vous auriez imité une fois de plus le Père de l'enfant prodigue. Si souvent et inlassablement, le bon Dieu en use ainsi avec nous!

Mais priez pour la persévérance de mon pauvre prodigue *Joseph*.

La Sainte-Enfance à Hai-men

Les œuvres de la Sainte-Enfance nous ont donné de beaux résultats, cette année : nous atteignons, dans notre *seul poste*, le chiffre de 500 baptisés. (Toute la Mission avait alors 125 postes.)

De ces enfants, les uns, en grand nombre, ont été ondoyés en danger de mort. La plupart, aussitôt qu'ils ont eu leur billet pour le Ciel, ont pris le train rapide, en partant bien vite de ce monde.

Les autres, recueillis par des personnes dévouées, ont été, après leur baptême, placés en nourrice.

Une famille chrétienne de *Hai-men*.
(au fond, la petite orpheline, reçue de la Sainte-Enfance).

Les survivants, quand ils sont sevrés, sont adoptés par de bonnes familles chrétiennes.

Nous comptons ainsi, à *Hai-men*, plus de 200 enfants adoptés par des chrétiens, qui les traitent comme leurs propres enfants.

Les dépenses faites au profit de ces petits (c'était

en 1904), ne sont que de 600 piastres environ (1.500 francs à cette époque).

Ces résultats me semblent bien capables d'encourager nos chers bienfaiteurs, les Associés de la Sainte-Enfance, en leur montrant combien d'enfants chinois sont sauvés par leurs prières, leurs aumônes et leurs sacrifices.

Le petit sou de France est comme un grain de blé jeté dans la terre de Chine ; il donne un bel épi pour les greniers du bon Dieu.

La porte du Paradis

Il faut prier les saints Anges, mes chers enfants, afin qu'ils dirigent les petits innocents chinois vers nos orphelinats.

A quoi tient souvent le bonheur éternel de ces chers petits? A ce qu'on vienne frapper à une porte plutôt qu'à une autre. Ecoutez ce récit.

Dans la matinée, une femme arrive en barque à notre résidence, apportant un petit enfant de trois jours. Elle demande si on veut l'acheter. « C'est un garçon, dit-elle, je ne le donnerai pas à moins d'une piastre. » (2 fr. 50, en ce temps-là.)

Le marché est conclu, et la Mère chinoise, chargée de l'Œuvre de la Sainte-Enfance, donne l'argent. « Cet enfant n'est pas à moi, ajoute la

païenne; il appartient à une paysanne pauvre, qui
ne peut le nourrir. Elle m'a priée de le porter à
l'orphelinat païen, afin d'en obtenir quelque argent.
Mais, en passant ici, je me suis dit que vous con-

Pauvres bébés qu'on apporte à l'orphelinat.

sentiriez peut-être à l'acheter, et je suis entrée,
pour m'épargner la peine d'aller jusqu'à la ville. »
(La résidence des Mères est sur la route qui y mène.)
« Dans ton village, lui demanda la Mère, est-
ce qu'on fait mourir des enfants? — Oui, on en
noie ; beaucoup auraient honte d'aller les porter à
l'orphelinat. — Mais, répliqua la Mère, apportez-
les ici, et nous les achèterons. — Bien, répondit la

femme païenne, j'annoncerai cela aux gens de mon village. » On lui servit un goûter, puis elle repartit pour aller indiquer la bonne porte, la porte qui mène les petits innocents au Paradis.

A T'ou=sè=wè

Hier, j'ai conduit un orphelin de treize ans à l'hôpital. Il a au bras une tumeur tuberculeuse, qui devient blanche.

Avant de le laisser, je lui dis : « Enfant, il ne faudra pas oublier tes prières du matin et du soir. » Le petit y avait songé. Pour toute réponse, car il était bien triste, il me montra sa poche, où il avait eu soin de mettre son livre (son petit paroissien chinois).

Nos orphelins, quand le bon Dieu nous les reprend, meurent bien doucement.

Dès que l'agonie commence, leurs petits camarades viennent auprès du lit chanter les prières, sous la direction d'un maître. Et ces prières ne cessent plus jusqu'à la mort de l'enfant.

On se succède, par groupes, et on n'interrompt pas le chant ; car nos Chinois chantent toujours leurs prières.

C'est touchant de voir le moribond ainsi entouré de ses petits amis, le chapelet à la main, répétant les : « Je vous salue, Marie » (*Ya-wei, Ma-li-ya*), et regardant avec de grands yeux celui qui va partir pour le Paradis.

Il est touchant aussi de visiter la fabrique de cercueils pour les enfants de l'Œuvre de la Sainte-

Les apprentis menuisiers à *T'ou-sè-wè*.

Enfance. Il y en a tant qui meurent baptisés, après avoir vécu quelques jours ou quelques semaines seulement!

Ces cercueils, qui sont des caisses courtes et à peine dégrossies, sont fabriquées par les apprentis menuisiers de huit à dix ans.

C'est le premier ouvrage qu'on leur donne à faire. Il faut les voir scier et clouer ces boîtes funèbres !

Cela ne les rend pas tristes du tout. Ils ont, au contraire, l'air heureux et semblent penser : « Voilà pour nos petits frères. Nous, nous remercions le bon Dieu, qui nous a permis de le connaître et de le servir sur terre, avant de la quitter. »

Quant aux petits cercueils, ils ont assez vilaine tournure ; mais il faut bien s'en contenter. On en réclame beaucoup, et il n'y a pas de chômage dans le métier de nos orphelins fabricants.

Les Présentandines

Parmi les Congrégations religieuses de notre Mission, sont inscrites les vierges de la Présentation ou *Présentandines*, qui sont toutes chinoises. Elles sont au nombre de 246. Elles occupent, deux par deux, rarement trois ensemble, 97 postes.

Oh! les excellentes ouvrières de la Sainte-Enfance!

Un district, ou station de missionnaire, n'est solidement fondé que si les deux *petites bonnes sœurs*, comme on aime à les appeler, ont réussi à s'y installer avec leur école de filles et leur catéchuménat. Rude besogne, qui demande, en plein pays païen, beaucoup de courage, de foi et de persévérance. Mais ces vierges chinoises, par leur patience et leur bonté, arrivent toujours à se faire aimer. Quelques-unes deviennent comme de petites reines dans la contrée, obtenant ce qu'elles veulent pour le bien des âmes, non seulement de leurs élèves, mais des mamans et des papas.

Outre les mères de famille, qu'elles instruisent pour le baptême, et les fillettes, auxquelles elles font

Présentandines, avec une école de fillettes.

l'école, les *Présentandines* envoient un grand nombre de petits anges au Ciel.

Exerçant un peu la médecine, on les voit s'en aller en quête d'enfants à soigner, parmi lesquels il y a bien des petits moribonds : tant de bébés chi-

Leçon de tricot, donnée par la *Présentantine*.

nois meurent en bas âge ! Dans la main de la vierge, une fiole d'eau pure, légèrement odorante, est aussi-tôt montrée. On apprécie le parfum ; cette méde-cine, pense-t-on, doit avoir une grande vertu.

Comme on a raison, puisqu'elle va servir à purifier et à sauver une âme !

La vierge approche la fiole du front de l'enfant et le lave à plusieurs reprises, en disant : « Je te baptise au nom du Père, et du Fils, et du Saint-Esprit. » Et la cure merveilleuse de l'âme est accomplie. Délivrée du péché originel, toute belle et parée de la grâce du bon Dieu, cette âme d'enfant est toute prête à partir pour le Paradis.

Les *Présentandines* se chargent parfois de quelques orphelines, recueillies dans la région, leur servent de mamans et les élèvent dans la crainte et l'amour du bon Dieu, les préparant à devenir de ferventes chrétiennes.

Elles enseignent la couture à toutes leurs élèves. Suivant les aptitudes et les circonstances, elles forment spécialement des fileuses, des tricoteuses, des passementières, etc. Elles sont ingénieuses pour rendre leurs fillettes chinoises capables de bien gagner leur vie, afin de gagner sûrement leur Paradis.

Après deux ans de noviciat et une première année d'apostolat, les vierges de la *Présentation de la Sainte-Mère* (la Sainte Vierge), reçoivent solennellement la Médaille de Marie, qu'elles portent toute leur vie sur la poitrine, comme signe de leur consécration au service de Dieu et de l'Eglise.

Baptisez-le vite !

Cet hiver, par un jour très froid, à 7 heures du soir, nous arrive au *Seng-Mou-yeu* un homme de quarante ans. Il portait dans son manteau, dont il s'était dépouillé malgré le froid, un pauvre petit, qui n'avait plus qu'un souffle de vie.

Tout émotionné, ce brave chrétien nous dit : « Baptisez-le vite ! Je l'ai trouvé à plus de trois kilomètres d'ici, jeté tout nu sous un cercueil. J'avais si peur qu'il meure en route ! Je lui ai passé au cou ma médaille de la *Sainte-Mère Marie*. — Vite, on ondoya le pauvre petit.

Le chrétien tout heureux ajouta : « Mon manteau, vous pouvez le garder pour couvrir l'enfant. Mais ma médaille, j'y tiens. Veuillez me la rendre. »

Le chrétien s'en fut en sa maison, et le bébé dans la maison de Dieu, qui s'appelle le Paradis.

« Je veux le baptême. »

Nos petits paysans chinois trouvent d'abord le catéchisme bien difficile ! Un seul Dieu en trois personnes, la création, la grâce ! Il faut des mois à ces intelligences peu cultivées pour saisir cette doctrine.

Mais quand nos petits gars comprennent qu'ils ont une âme immortelle, que Jésus les a rachetés, que Marie est leur Mère du Ciel, la scène change.

« Père, Père, baptisez-moi.

— Pourquoi?

— Je ne veux pas aller en enfer, moi!

— Eh bien! va au Ciel.

— Oui; mais, sans le baptême, je ne peux pas.

— Comment cela ? Ne sais-tu point les prières et le catéchisme?

— Oui ; mais cela ne suffit pas.

— Sois sage, obéis, conduis-toi bien.

— Cela ne suffit pas.

— Comment, la vertu ne suffit pas pour gagner le Ciel?

— Non! il faut encore le baptême.

— Pourquoi donc?

— Pour effacer les péchés.

— Si petit, tu as des péchés?

— Oui, Père spirituel, j'ai le péché originel, et d'autres avec. Je vous en supplie à genoux, Père, et je ne me releverai pas que vous ne m'ayez donné le baptême. Je veux le baptême.

— Oh! mais pas si vite! Quand donc as-tu commis le péché originel?

— Père, ce n'est pas moi qui l'ai commis ; c'est le *vieil aïeul, Adam*. Mais je l'ai reçu dans mon âme, en naissant.

— Combien de fois dans sa vie peut-on recevoir le baptême?

— Une seule fois, mais il le faut.

— Tu vois que c'est grave ; es-tu bien préparé ?

— Père, questionnez-moi. Je suis prêt.

— Et après que tu seras baptisé, que feras-tu ?

— Je garderai les commandements de Dieu et de l'Église, je sauverai mon âme.

— Tu dis cela. Mais, retourné chez toi, tu feras comme avant, tout ce que font les païens.

— Non, Père, je le promets ; plutôt mourir.

— Mon enfant, tu sais que ton père et ta mère

sont encore païens ; comment pourrais-tu observer les règles de l'Eglise à la maison?

— Père, ils ont renoncé aux superstitions, ils viennent à la Messe.

— Oui, mais ils ne savent pas les prières et ne peuvent être baptisés.

— Leur mémoire est mauvaise, Père, et ils sont trop occupés.

— Alors, tu veux que ton âme, à toi, aille au Ciel, et celle de tes parents en enfer?

— Oh non! Je les instruirai moi-même, dès que vous m'aurez baptisé.

— Tiens, mon enfant, je te prends au mot. Lève-toi. Je te donne congé. Va chez toi instruire ton père, ta mère, ton frère aîné, tes sœurs, et quand tous sauront les prières, tu reviendras.

— Et vous me baptiserez, Père?

— Nous verrons.

— Père, c'est bien mieux de me baptiser d'abord. Si j'allais mourir avant de revenir ! »

Et le petit *Wang* se met à pleurer.

« Père, Père, promettez-moi de me baptiser à Noël, avec le petit *Li* et le petit *Tchang* (deux autres élèves, dont le père est déjà baptisé). »

Voilà un dialogue à fendre le cœur du missionnaire, et qui s'est répété maintes fois cette année.

Nous avons cependant 150 enfants, garçons et filles, qui ont été préparés dans nos écoles internes, comme nos enfants de France, à la confession et à la première communion, en même temps qu'au baptême. (En *un seul poste* de la Mission.)

Car on fait communier les enfants aussitôt après

leur baptême. Quand seront-ils mieux prêts à ce grand acte de la vie chrétienne, quand seront-ils plus purs ?

Mais aucun de ces enfants n'a été baptisé avant son père ou sa mère.

C'est ainsi que le sou de la Sainte-Enfance nous permet de fonder de solides chrétientés ; car nos petits élèves sont nombreux, et nous coûtent cher à cause de leur nombre.

Sans le sou de la Sainte-Enfance, nous serions forcés de fermer nos écoles. Et sans écoles, en Chine comme en France, comment former des enfants chrétiens?

Enfants volés

Combien de pauvres enfants, recueillis par les *Mou-Mou* du *Seng-Mou-yeu* ou par l'Orphelinat de *T'ou-sè-wè*, sont des enfants volés, et souvent volés dans des contrées fort éloignées de Changhai!

Une petite fille païenne s'en retournait seule, du champ de riz de son père à la maison. Le chemin longeait un canal.

Elle rencontre un groupe d'hommes qui marchaient sur la rive, près d'une barque. L'un de ces hommes s'approche d'elle brusquement, lui jette une poudre dans les yeux, saisit sa tête des deux mains, et lui commande durement : « Suis-moi. »

La pauvre enfant terrifiée suit machinalement ce vilain homme.

Il appartenait à **une bande de** voleurs d'enfants. Ces misérables choisissent les petits garçons et les petites filles qui leur paraissent les plus forts et les plus jolis ; ils les enferment dans leur barque et viennent les vendre, à Changhai, comme domestiques, aux marchands ou aux aubergistes chinois.

La fillette fut mise au fond de la barque, où se trouvait déjà toute une cargaison d'enfants.

On continua le voyage, un long voyage, pendant lequel le bateau se remplissait de plus en plus d'autres enfants volés.

Enfin, l'on arrive à Changhai, sur la Concession Française.

La police française veillait : elle est bien au courant du **vol et du** commerce d'enfants, que pratiquent ces vauriens.

A peine la barque était-elle ancrée et la planche posée pour descendre sur le quai du *Hoang-p'ou* (la rivière de Changhai), que les soldats annamites (les sergents de ville de là-bas) montèrent sur le bateau afin de le visiter. Ils découvrirent les pauvres enfants, les délivrèrent, et mirent en prison les voleurs.

Mais comment faire pour rendre ces petits à leurs parents ?

La plupart viennent de loin. Ils ignorent leur pays natal, ou bien se souviennent d'un nom comme il en existe, par milliers, dans toutes les provinces de la Chine. Ainsi : *Li-tchoang, Wang-tsuen, Tchang-leou,* etc. Impossible de s'y reconnaître !

Photographie d'enfants volés, dont on essaie de retrouver la famille.

La police française fait exposer, durant quelques jours, la photographie de ces pauvres petits, portant sur la poitrine une pancarte, où on a écrit les indications qu'ils ont pu donner. Vous voyez, en gravure, cette triste exhibition.

La fillette, dont nous racontons l'histoire, ne put retrouver sa famille.

Elle fut confiée aux *Mou-Mou* du *Seng-Mou-yeu*, qui l'adoptèrent.

Instruite et baptisée, elle vit heureuse au milieu des bonnes Mères et de ses compagnes.

La pauvre enfant volée est maintenant une petite chrétienne de la Sainte-Enfance.

Dieu est le père des orphelins

Je viens d'ouvrir ma nouvelle école avec cinq élèves. Ce n'est qu'un début.

Je vous présente le plus jeune, un bébé de six ans. Il a tout juste réussi son signe de Croix. Il faut bien avouer que le signe de Croix, tel que nous l'apprenons aux chrétiens chinois, est plus compliqué que le nôtre.

Introduit, m'a-t-on dit, au xvi° siècle par nos Pères portugais, il se compose de trois petits signes faits sur le front, sur les lèvres et sur la poitrine, puis enfin du grand signe de la Croix, que nous savons tous. Avant de dire : « Au nom du Père, et

du Fils, et du Saint-Esprit. Ainsi soit-il », on ré-
cite la petite prière suivante :

« Par le signe de la Croix (on trace une croix sur

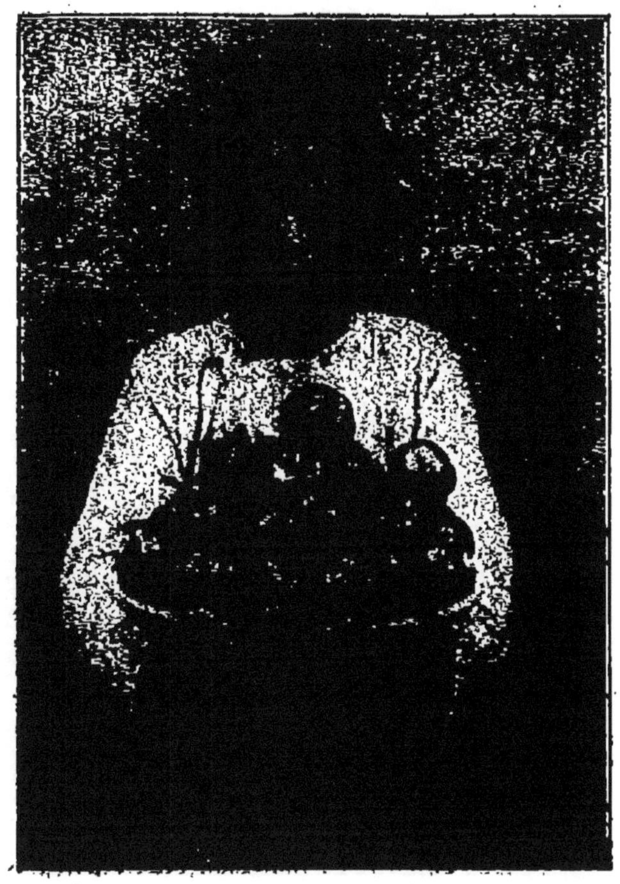

Un compotier de kakis.

son front), Dieu, notre Maître (on trace une croix
sur ses lèvres), sauvez-nous de nos ennemis (on
trace une croix sur sa poitrine). » Alors seulement,
on ajoute : « Au nom du Père... »

Pour récompense de ses premiers efforts, mon petit écolier de six ans a reçu deux kakis (*che-tse*), beaux fruits couleur orange, devenant d'un rouge

Dégustant sa récompense.

éclatant quand ils sont d'une certaine espèce et bien mûrs, et ressemblant, lorsqu'on les ouvre, à un petit pot de confiture d'abricots.

Mon verger donne de ces fruits en abondance.

Vous voyez l'enfant qui y mord à belles dents, ser-
rant sa provision dans la main gauche.

C'est un pauvre orphelin, dont la famille a émi-
gré du *Tche-Li* (province du Nord), chassée par la
famine, il y a sept ou huit ans. Le papa est mort
il y a deux ans, laissant la mère avec quatre enfants,
sans même une maison pour les abriter.

L'aîné des garçons a dix-sept ans ; il travaille et
gagne à peu près sa vie. J'ai envoyé le second, qui
est intelligent (c'était mon meilleur élève), à
l'école des catéchistes de la capitale. Celui-ci est le
troisième. La quatrième, une petite fille, est à
l'école des fillettes, où la mère elle-même est domestique.

Et voilà comment la bonne Providence, qui donne
la pâture aux oiseaux du ciel, prend soin des hum-
bles et des délaissés.

Il dort !

Une Mère Auxiliatrice rencontre dans la rue une
pauvre mendiante en loques, qui portait son enfant
attaché sur son dos, comme font souvent les
femmes en Extrême-Orient. Le petit semble près de
mourir : il est maigre et livide, ses yeux sont
déjà vitreux.

La religieuse dit avec bonté à la mendiante :

« Mais ton enfnt est très malade, il va mourir

« — Non, non, répond-elle ; il dort!

— Laisse-moi voir. »

Alors, en pleurant, la pauvre mère avoue que son bébé est mourant, mais qu'elle n'a ni le temps ni les moyens de le soigner. « Attends, dit la religieuse ; je vais faire ce que je pourrai. »

Et là, en pleine rue, le pauvre bébé malpropre et galeux de cette mendiante en haillons devient, par le baptême, un enfant de Dieu et un héritier du Royaume céleste, où il s'envole bien vite prendre sa place.

Que Dieu est bon!

Monsieur le docteur

Fatigué d'une longue course, j'entre, au bourg de *Lieu-ka-hang*, dans un *Thé*. (Une maison de thé ou une auberge. En Chine, on dit *Thé*, comme nous disons Café.)

A l'heure où je m'installe, il n'y a pas un chat. Le patron cause avec un voisin ; la patronne ravaude de vieux habits ; un pauvre gamin dort près du fourneau.

A peine me suis-je assis à la moins crasseuse des tables, que le gamin se réveille. La patronne laisse ses hardes et jette de la paille dans le foyer. Bientôt, me voilà servi.

La porcelaine bleutée de la petite tasse n'a jamais

connu le coup de torchon ; elle est jaune maintenant. La théière, en terre cuite, a le goulot bouché

Missionnaires en voyage. Halte dans un *Thé*.

par les feuilles de thé. Tandis que je cherche une
paille pour refouler les feuilles, le patron, qui a vu
la chose, se précipite, saisit la théière, avale le gou-

lot et souffle fort. La théière est débouchée ; et si
je ne suis pas trop dégoûté, je puis boire.

Mais déjà, le *Thé* s'est rempli comme un œuf. On
vient voir, on regarde l'Européen, et l'on cause.

« Je te dis qu'il a au moins soixante-dix ans, ce
vieux monsieur ; vois sa longue barbe!

— Est-ce qu'il vient acheter du coton dans le
pays?

— Il est habillé comme un Chinois. Ce qu'il
est rigolo!

— Crois-tu que c'est un commerçant? — Non, ce
doit être un médecin.

— Un médecin! Tiens, ma petite bru est malade ;
si je lui demandais un remède?

— Vas-y; mais ça te coûtera cher. Ces gens-là ne
se dérangent pas à moins de 5 piastres! (12 fr. 5o à
cette époque).

— Sait-il seulement le chinois? »

J'écoute, tout en buvant mon thé. Je sais qu'on
va bientôt m'interroger. Je laisse venir.

Arrive un nouveau badaud.

« Mais, s'écrie-t-il, c'est un Père spirituel (en
chinois : *Chen fou*)! Je le reconnais ; l'autre jour,
il allait voir un malade.

— Je t'avais bien dit que c'était un médecin; j'ai
de l'œil, hein!

— Non, ce n'est pas un médecin, c'est un missionnaire. Il propage la *religion du Maître du Ciel.*
Il explique la doctrine. Quand un chrétien est malade, il va le voir. »

Le moment est venu pour moi de prendre part
à la conversation. J'expose de mon mieux ce qu'est

le missionnaire et la religion catholique, que je suis le médecin des âmes, et, à l'occasion seulement, le médecin des corps.

Puis, j'interpelle :

« Vieux grand'père, tu dis que ta petite bru est malade ; qu'est-ce qu'elle a ?

— La fièvre.

— Attends, je vais te donner de la quinine ; dans deux jours, elle sera guérie.

— Moi, Père spirituel, j'ai la colique.

— Avale cette tasse de thé, avec le remède (de la chlorodyne, que j'y mettais). Cela te coupera ta colique.

— Monsieur l'Européen, hasarde une bonne femme, j'ai une rage de dents ; avez-vous un bon remède ?

— Oui. »

Tous les yeux sont braqués sur moi. On pense : quel drôle d'homme que ce missionnaire ; il a des remèdes pour toutes les maladies !

« Tu as mal aux dents, la vieille? Il faut arracher la molaire.

— Oh! ça, jamais!

— Jamais! C'est pourtant le vrai remède, car tu ne voudrais pas de l'autre.

— Quel autre?

— Voilà. Si tu restes 48 heures sans causer, mais là, sans dire un mot, tu seras guérie. Essaye, pour voir ! »

Tout le monde éclate de rire. Une Chinoise! Ne pas causer pendant deux jours! On verrait plutôt les bœufs s'envoler et les poules nager !

Tandis qu'ils rient, je soigne un pauvre gamin,

qui a un gros furoncle au front. Sa maman lui a acheté et posé un emplâtre ; mais l'emplâtre colle si bien que les humeurs ne peuvent sortir. Avec de l'eau tiède et du lysol, je lave et j'enlève l'emplâtre. Le furoncle est mûr ; il se vide tout seul. Je lave encore, et c'est fini.

Le petit, qui, il y a deux minutes, quand sa mère me l'a amené, hurlait de douleur, rit de joie et saute à présent.

Et moi, je plie bagage. On se quitte les meilleurs amis du monde.

Je suis repassé par *Lieu-ka-hang* l'autre jour, et je me suis aussitôt entendu saluer du titre de : « *Monsieur le Docteur, Monsieur le grand Docteur...!* »

Je ne suis pas plus docteur que le conducteur de l'autobus *Madeleine-Bastille*, ou le marchand de marrons au carrefour de la *Croix-Rouge!* Je n'ai jamais été étudiant en médecine, ni en pharmacie, pas même à l'école des vétérinaires.

Et voilà pourtant comment se fait une réputation!

Monsieur le Docteur! Monsieur le grand Docteur!

Mais j'espère que, la grâce de Dieu aidant, ces pauvres païens apprivoisés viendront un jour me demander *les remèdes qui guérissent l'âme.*

Les pêcheurs de Ou=si

Ah! les braves chrétiens que mes pêcheurs!

N'allez pas vous imaginer des pêcheurs qui partent sur leur barque le matin et rentrent à la maison le soir, portant sur leurs épaules les filets, les engins et le poisson.

Non, non! Mes pêcheurs n'ont ni chaumière, ni terres ; pas un pouce sur le sol chinois. Une barque est leur demeure flottante et leur gagne-pain. Ils naissent, vivent, grandissent, travaillent et meurent sur l'eau. Et, quand la barque est petite et la famille nombreuse, comme ils grouillent là-dedans!

Nos chers pêcheurs chrétiens ne possèdent sur la terre ferme que la maison du bon Dieu, l'église, bâtie sur le bord du canal, et où ils viennent fidèlement remplir leurs devoirs religieux : entendre la Messe, écouter la parole de Dieu, se confesser, communier, recevoir les autres sacrements, excepté les derniers, que le missionnaire leur porte sur leur barque, quand ils vont mourir.

Aussi, pour nos pêcheurs, mettre les bambins et les bambinettes à l'école, c'est toute une affaire!

Ces marmots-là travaillent très bien sur le bateau.

Vous rencontrez, par les canaux et sur les lacs, des barquettes montées uniquement par des enfants. Une fillette de onze à douze ans fait la patronne et manœuvre le filet ; un petit frère de neuf à dix ans godille. Sur la grande barque, tandis que les pa-

rents travaillent, la grande sœur fait la petite
maman et s'occupe des bébés. Car les bébés abon-

Chrétienté de pêcheurs (on voit l'église au bord du canal.)

dent sur les barques : oh! les bons petits hommes,
les plus drôles du monde!

Pour avoir mes élèves à l'école, il me faut donc lutter avec les parents, qui voudraient garder leurs précieux auxiliaires. Il me faut lutter encore avec les enfants, pour qui le grand air, l'eau, la liberté sont les biens par excellence, le paradis terrestre ; tandis que l'école, c'est... au moins le purgatoire! Il y a des larmes, des trépignements.

Il faut aimer très fort ces chers petits et vouloir leur bien malgré eux, malgré leurs parents. Ils finissent par obéir, parce qu'ils sont bons chrétiens et ont confiance dans le *Père spirituel*, qui leur enseigne la route du Paradis.

Ce matin, j'ai dû faire un coup d'autorité pour avoir mes écoliers et mes écolières.

Avant la fin de la Messe, j'ai fait barricader les portes de la grande cour, et les parents n'ont pu sortir et retourner à leurs barques que quand les enfants, inscrits sur mes registres, ont tous été emmenés à l'école par les maîtres et les maîtresses!

Vous croyez peut-être que mes écoliers restent tristes et maussades longtemps? Oh! pas du tout. Après deux jours, ce petit monde-là est apprivoisé, rieur, gamin, joyeux.

Ça couche sur la dure, ça se nourrit d'un peu de navet ou de chou salé, avec beaucoup de bols de riz ; ça crie ses leçons, du matin au soir ; ça s'amuse comme des rois, avec un rien, aux heures de récréation, ça aime le Père de tout son cœur, et le bon Dieu, que le Père représente. *Ce sont de bons gosses*, comme nous disons tous par ici. Voyez-les jouant aux soldats.

Voilà pour les grands enfants des pêcheurs. Les petits ont leur tour.

Les bébés naissent sur les barques, n'importe où, souvent loin de l'église. Un chrétien ou une chré-

tienne de la congrégation (on appelle congrégation
un certain nombre de barques, qui pêchent et viennent ensemble à l'église), désigné pour cela et bien
instruit, les ondoye tout de suite. Puis le missionnaire, à l'église, complètera les cérémonies du baptême. Chaque semaine de la mission annuelle, c'est
une trentaine d'enfants à la fois qu'on m'apporte.

Figurez-vous la scène! Il y a des poupons qui ont
bon caractère et qui rient ; il y en a de mauvaise
humeur, qui crient et se débattent...

C'est égal, voilà de belles fournées de petits chrétiens, qui font rager le diable.

Rage, Satan, rage! ces bébés chinois sont les enfants du bon Dieu, de la graine de Paradis!

Oh! nos braves pêcheurs!

Ils aiment à donner à leurs enfants, au baptême,
les noms de Pierre, André, Jacques, ou Jean.

Pauvres petits !

A la porte de l'Orphelinat, l'on voit arriver des
enfants qui, pour cacher leur nudité et se protéger
un peu du froid, ont glissé leurs jambes dans un
vieux sac de riz, percé aux deux coins. Parfois, ils
ne trouvent à se mettre sur les épaules que des dé-
bris de nattes pourries ou des haillons habités par
la vermine.

Pauvres petits!

Ils viennent implorer un toit pour s'abriter, un morceau de toile pour se couvrir et une écuelle de

Un pauvre enfant qui a faim et froid.

riz pour ne pas mourir de faim.

Dès que les premiers froids se font sentir, écrit un missionnaire, je vois arriver à ma porte de petits abandonnés, de neuf à quinze ans, dans un état à émouvoir des rochers. Ils ont des figures de ramoneurs, se rapprochant plus de l'animal que de l'homme. L'un s'enveloppe d'un lambeau de vieille couverture; l'autre de loques qui ne lui descendent pas jusqu'aux genoux; un troisième de guenilles plus sordides encore. Tous sont raidis de froid, grelottant, et d'une telle malpropreté! Ils excitent une profonde compassion.

Je recueille ces malheureux ! J'envoie acheter de vieux vêtements, afin de les habiller. Mais d'abord, je les fais conduire aux bains chauds, où, pour quelques centimes, ils se lavent et se font raser la tête. A leur retour, je ne les reconnais plus; ils sont déjà transformés en bons petits Chinois, à la mine bien souffreteuse, il est vrai.

La plupart de ces enfants sont de véritables orphelins, dont les parents sont morts de maladie et de misère, ou ont été massacrés par les brigands.

Les habits que j'ai pu acheter sur place ne suffisant point, j'écris au Père Procureur, qui est tout charité pour les orphelins, le priant de trouver d'autres vêtements en ville, en lui recommandant une grande économie, car ma bourse est bien plate.

Quinze jours après, m'arrivent, de sa part, deux robustes jeunes gens, avec des brouettes chargées d'habits. Et quelle économie! Tout a été payé par la charité de nos chrétiens. Que Dieu les récompense!

Orphelins et orphelines furent habillés convenablement. Quel plaisir de voir ces petits chaudement vêtus, de les entendre se dire entre eux : « Voilà deux ans que je n'ai eu d'habits si bien cousus ! —

Et moi, plus de trois ans! — Oh! moi, je n'en avais jamais eu! »

Et de quel appétit il dévorent leur riz ! Cette gravure vous les montre à table, mangeant avec les

Orphelins mangeant leur riz avec les bâtonnets.

fameux bâtonnets chinois, qui servent de cuiller et de fourchette.

Pour finir, je vous donne le signalement d'un pauvre petiot, admis et inscrit à l'Orphelinat.

« Le 27 de la onzième lune (les Chinois comptent l'année par lunes, et non par mois de 30 ou 31 jours, comme nous), nous avons reçu un enfant, originaire du *Chan-Tony*. Sa ville natale est

I-tcheou. Son nom de famille est *Wang,* son petit nom *San Yeou.* Il est orphelin de père ; il a sept ans. Son frère aîné l'amène ; mais l'enfant est si exténué de faim qu'il ne peut plus marcher, si maigre qu'il fait peur à voir. Il n'a aucun vêtement. »

Pauvre petit, la Sainte-Enfance va te vêtir, te nourrir, t'élever et te guider vers le Paradis.

La Sainte Vierge aide les baptiseurs

Durant une terrible famine, un de nos Frères coadjuteurs faisait la ronde, à l'intérieur et à l'extérieur des murs de la ville, depuis l'aube du jour jusqu'à la tombée de la nuit.

Il portait avec lui un vase rempli d'eau baptismale.

Dès qu'il apercevait un enfant encore vivant, ou qu'il entendait des cris et des gémissements, il accourait et baptisait le petit moribond. Car ces pauvres abandonnés n'avaient plus qu'un souffle de vie, périssant tous de faim !

Le bon Frère en rencontre un, dont le corps, déjà presque noir, était tout couvert de vermine, qui lui rongeait surtout la tête. L'enfant allait mourir, et le Frère n'avait plus une goutte d'eau ; son vase était vide !

La famine ayant été causée par le manque de pluie, toutes les mares étaient à sec.

Que faire? Quelle angoisse!

Le Frère, désolé, supplie avec ferveur la Sainte Vierge Marie de lui venir en aide.

Sa prière finie, il voit venir sur la route une femme, qui tenait un vase plein d'eau; elle le rapportait de bien loin.

Mais comment obtenir quelques gouttes de cette eau?

Il aborde cette femme et la prie de lui donner à boire, ce que la politesse chinoise ne refuse jamais.

Il boit une gorgée d'eau, qu'il conserve dans la bouche, retourne vite sur ses pas, dépose l'eau dans le creux de sa main et baptise le petit moribond.

A peine achevait-il la formule du baptême que l'enfant ouvrait les yeux, les refermait et rendait l'âme.

Le bon Frère, quand il racontait ce fait, ne pouvait retenir ses larmes : larmes de bonheur en pensant au petit élu, larmes de reconnaissance envers Marie.

Mamans chinoises

Nous avons souvent parlé d'enfants chinois abandonnés ou exposés. La vérité nous y oblige, puisque ces pauvres petits remplissent nos orphelinats.

Pourtant, sachez-le bien, il ne manque pas, en Chine, de mamans bonnes, et même excellentes. Or, qu'y a-t-il au monde de meilleur qu'une bonne maman?

Il faut plaindre les malheureuses mères païennes qui, oubliant leur devoir et faisant taire la voix de leur conscience, rejettent les bébés que Dieu leur confie. Il faut surtout prier pour qu'elles se convertissent.

Mais les mères chrétiennes de Chine témoignent à leurs enfants le même dévouement et le même amour que partout ailleurs.

Quand on aime sincèrement le bon Dieu, on accomplit consciencieusement son devoir. Et l'un des premiers devoirs d'une maman, c'est de bien soigner, de bien élever et d'aimer également tous ses enfants.

Une maman affairée.

Considérez cette maman chinoise ; elle n'a pas de temps à perdre. Portant le petit dernier sur son bras droit, elle donne la main gauche à l'aîné, qui donne lui-même la main à un frère plus jeune.

Cinq frères et sœurs, groupés autour de leur mère ; et le plus âgé n'a pas huit ans! Voilà une belle famille! La maman, une ouvrière, ne manque pas de besogne.

Ses enfants sont tous convenablement vêtus (à la chinoise), parce qu'elle est courageuse et laborieuse. Le petit de droite a bien une culotte un peu large ; mais il suit comme il peut sa bonne mère. Que deviendrait-il sans elle ?

Admirez encore le groupe charmant que voici.

Frères et sœurs, cousins et cousines.

Frères et sœurs, cousins et cousines d'une riche famille de *Changhai*, ils sont élevés dans la piété et l'obéissance par des mamans vertueuses et dévouées.

Leurs parents, à qui le bon Dieu a donné la fortune, savent qu'ils doivent la partager avec les pauvres, dont Jésus a dit : « Celui qui leur fait du bien, me fait du bien à moi-même. — Quand ils ont faim et que vous leur donnez à manger, c'est à moi-même que vous donnez à manger. »

Aussi, les mamans chrétiennes de cette famille enseignent-elles à leurs enfants, dès le plus jeune âge, l'amour des pauvres, en même temps que l'amour du bon Jésus. Elles les habituent à faire l'aumône, en leur répétant : « *Donner aux pauvres, c'est prêter à Dieu, qui nous le rendra au Paradis.* »

Vous voyez qu'il y a, en Chine, de bonnes et d'excellentes mamans.

Plus les pauvres païennes se convertiront, plus il y en aura, et moins on verra de petits abandonnés.

La mangeuse d'herbes

C'était une petite bonzesse de neuf à dix ans.

On appelle *bonzesses* les personnes vouées au culte du démon, comme les religieuses sont vouées au culte du bon Dieu.

Le diable, pour se faire adorer des hommes et perdre leur âme, imite avec insolence pour le mal ce que Dieu fait pour le bien.

On l'a très justement comparé au singe qui, dans ses grimaces, veut imiter l'homme.

Le démon singe le bon Dieu. Il a ses pagodes, qui singent nos églises ; il a ses poussahs, qui singent nos statues ; il a ses bonzes et ses bonzesses, qui singent nos prêtres et nos religieuses.

La petite bonzesse était mangeuse d'herbes, par profession. C'est-à-dire qu'elle se nourrissait uniquement de légumes verts, ne mangeant ni viande, ni poisson, ni œufs, ni graisse. Du lait, du beurre, ou du fromage, elle n'en avait point, car les Chinois de nos contrées ne connaissent pas le laitage.

A ce dur régime, la pauvre enfant était maigre à faire peur. Sa misérable vie était un jeûne perpétuel. Elle était restée toute petite, n'ayant pu grandir, puisqu'elle ne mangeait presque rien. Ses bras ressemblaient à de longues pattes d'oiseau.

Bientôt, son estomac ne put garder aucune nourriture, pas même les herbes qu'on lui servait.

Le sorcier, auquel on la conduisit, voyant qu'elle allait mourir et n'y pouvant rien, lui dit : « Va voir la *Mou-Mou* de l'hôpital (la Mère Auxiliatrice); seule, elle peut te guérir. » C'était pour s'en débarrasser.

L'enfant vint trouver la Mère, qui lui répondit : « La *Mou-Mou* ne peut plus te guérir. Franchement, c'est trop tard. Regarde ton corps; il est tout desséché. Tu n'as plus rien sous la peau ; qu'est-ce que je pourrais guérir ? Mais ton âme, oui ; je puis bien la sauver. Nous avons un Dieu au Ciel, un bon Père, qui nous aime et qui veut nous prendre avec lui et nous donner le bonheur. Veux-tu y aller, au Ciel ? Tu seras bien plus heureuse qu'à manger tes herbes sur la terre.

— Oh ! oui, dit l'enfant. Mais comment y aller? »

On instruisit la pauvre petite mangeuse d'herbes, qui ne pouvait plus rien manger du tout. Elle était douce et docile. Quand elle fut instruite, on la baptisa.

Après son baptême, elle revint encore deux fois
à l'hôpital, dans un état de faiblesse incroyable ;
puis elle ne reparut plus.

La *Mou-Mou* s'informa. La petite mangeuse
d'herbes était partie au Paradis, pour chanter et
louer Dieu avec les Anges, elle qui, dans ce monde,
n'avait eu en partage que les larmes, le jeûne et la
misère.

Le premier de l'an chinois

Quelle fête en Chine que le premier de l'an (*Kouo
nien*)!

Longtemps à l'avance, on orne sa maison, si mo-
deste soit-elle. Les chrétiens suspendent de saintes
images (*cheng siang*) et des inscriptions pieuses
composées par nos catéchistes les plus lettrés. Les
païens collent à leur porte ou à leurs murs des
divinités, presque toujours effrayantes, et des de-
vises où joie et bonheur reviennent sans cesse... sur
le papier.

Le jour arrivé, tout le monde, ou bien ne s'est
pas couché la veille, ou bien se lève avant le soleil,
afin de jouir plus longtemps d'une pareille fête.

Tous, aussi, revêtent leurs plus beaux habits. On
dirait qu'avec le nouvel an apparaissent de nouveaux Chinois, tant ils sont propres, gais, polis et
gentils en cette unique aurore.

On décore la maison d'une sainte image.

S'il y a une église, les chrétiens y viennent assister à la Messe ou chanter les prières. Sinon, ils font ensemble l'adoration chez eux devant une sainte image de Jésus et de Marie.

Et puis, en avant les pétards, gros et petits! En Chine, pas de fête sans pétards ; on y ferait plutôt des omelettes sans œufs! Plus il y a de pétards, plus la fête est belle !

A ses parents, on souhaite la bonne année à genoux. C'est l'usage. Mais ce n'est pas la mode de s'embrasser, comme chez nous.

Puis on mange des beignets, le gâteau traditionnel ce jour-là.

On se disperse ensuite, pour se souhaiter la bonne année entre oncles, tantes, neveux, nièces, cousins, cousines, voisins, voisines de la même rue, du même village.

Poussah collé sur la porte d'une famille païenne.

Les formules de souhaits sont bien amusantes : « Je vous souhaite dix mille années, M. *Tchcou*. —Grande joie en ce nouveau printemps, Mme *Liang*. — Une montagne de félicités à vous, Mlle *Li*. — Faites fortune, grande fortune, M. *Ma*. — Illustre mandarin, montez en grade comme le soleil dans le ciel. — Une année de plus, une année de moins, M. *Chen*, dit un sage vieillard... etc. »

Les enfants, d'ordinaire si malpropres dans le

fond de nos campagnes, sont aujourd'hui tout parés de rouge, de vert, de jaune, de bleu, de violet, les cinq couleurs réglementaires. C'est un si grand plaisir de voir ces petits, que volontiers on leur donne ce qu'au fond du cœur ils désirent en venant vous offrir des souhaits : on distribue donc bonbons, images, médailles, menus cadeaux pour étrennes. Alors, c'est une joie dans ce petit peuple, un délire, un déluge de « Merci, merci, *Père spirituel* »; mais si gais, si spontanés, qu'il y aurait de quoi réjouir le cœur d'un agonisant.

Pendant la matinée entière, on se promène, souvent au hasard, on s'admire, on se félicite et l'on grignote toujours quelque chose.

Ce jour-là, on ne doit ni se quereller, ni maudire, ni se battre, ni travailler, ni faire de cuisine. On réchauffe les aliments cuits les jours précédents ; ce qui est cause que, pour un Européen, en Chine, la pire des cuisines est celle du 1ᵉʳ de l'an.

Mais il faut bien que les domestiques, ou s'en aillent chez eux, ou se promènent comme tout le monde, n'importe où. Inutile de se fâcher ; on dirait que vous ne connaissez pas les bonnes manières.

Les quinze jours suivants, c'est encore presque le premier de l'an. On va visiter les parents, les amis, les alliés, qui ne sont pas du même village.

Pendant ces quinze jours, pas de commerce, pas de marché. Il a fallu faire d'avance ses provisions. Ni banques, ni boutiques, ni auberges ne sont ouvertes. Tout le monde continue à se dandiner en habits de fête.

Le quinzième jour s'appelle le petit *premier de l'an*.

Outre la comédie en plein air, qui dure dix jours,
du matin au soir, il y a encore, le 15 du mois, des

Diseur de bonne aventure.

réjouissances variées : des équilibristes, des saltim-
banques, des échassiers, des montreurs de singes ou
d'ours, des chanteurs de foire, des chiens savants,
des diseurs de bonne aventure, des mascarades, des

milliers et des myriades de lanternes. On tire peut-
être plus de pétards et de fusées que le premier de
l'an, parce qu'on n'en réserve plus.

Il y a surtout, le soir du 15, le dragon lumineux,

Dragon chinois.

qu'on promène en le faisant se contourner comme
un immense serpent. Il est long de quatre ou cinq
mètres, fait de toile jaune, avec des écailles peintes,
une queue en filasse, une carcasse en bambou, et
des lanternes plein la bouche, les yeux et le ventre.

Ah! ce qu'ils s'amusent les enfants chinois,
grands et petits, jusqu'à minuit, au clair de lune!

Alors.. le premier de l'an chinois est terminé.

Le mandarin Pierre Tong

On dit souvent, et c'est, hélas! la vérité, que beaucoup de lettrés chinois sont trop orgueilleux pour devenir chrétiens. Comme, d'ailleurs, il arrive pour les orgueilleux de tous pays ; car un chrétien doit être humble, à l'exemple de Jésus.

Mais il y a pourtant des lettrés qui se convertissent et qui deviennent de fervents et généreux enfants de Dieu et de l'Eglise. En voici une preuve, entre bien d'autres.

Dans une grande ville de Chine, les Pères Jésuites avaient fondé une Congrégation de la Sainte Vierge, sous le nom de *Congrégation de la Reine des Anges*. Quarante lettrés, tous chrétiens d'élite, en faisaient partie. Le Président était le mandarin Pierre Tong (*Tong Pé-louo-lo*).

Ce chrétien était si charitable que sa demeure ressemblait bien à un orphelinat. Il s'était chargé de l'entretien d'une centaine d'enfants abandonnés!

Pour secourir les orphelins, rien ne l'arrêtait. On le voyait parcourir les rues de la ville, tenant entre ses bras un, et quelquefois deux de ces petits, qu'il avait recueillis et qu'il emmenait à sa maison. Il paraissait alors tout joyeux, se souvenant de la parole du bon Maître : « Celui qui reçoit en mon nom un petit enfant, c'est moi-même qu'il reçoit. »

Rentré chez lui, *Pierre Tong* rendait lui-même aux orphelins tous les services que réclamait leur âge et leur santé ; car il les ramassait dans un bien triste état, atteints de maladie, souillés et couverts de vermine.

Sa femme, chrétienne aussi, mais un peu trop délicate, lui reprochait cette conduite : « Pourquoi vous salissez-vous les mains en remplissant un pareil office, lui disait-elle? Laissez ce soin à nos domestiques et à nos servantes ; c'est à eux que reviennent ces corvées-là. — Si vous aviez plus de foi et d'amour de Dieu, répondait *Pierre Tong*, vous comprendriez quel trésor de mérites on acquiert par ces actes d'humilité et de charité. »

Mais son exemple, plus encore que ses paroles, gagnèrent peu à peu le cœur de son épouse ; elle comprit qu'il y a de la différence entre donner une aumône ou des ordres et faire la bonne action soimême ; elle sut vaincre sa répugnance et elle l'imita.

Avec elle, *Pierre Tong* associa à ses bonnes œuvres un de ses jeunes frères, chrétien pieux, et une de ses sœurs, mariée à un païen de la noblesse chinoise. Celle-ci vint offrir un jour ses riches bijoux, afin de payer les dettes de l'orphelinat : elle devenait ainsi une généreuse associée de la Sainte-Enfance dans son propre pays.

Une après-midi, on vint avertir *Pierre Tong* que, hors de la ville, on avait entendu crier un enfant, et que les cris semblaient presque sortir de terre. Vite, il se dirige vers l'endroit indiqué, priant Jésus et Marie de le faire arriver à temps auprès du petit infortuné. Il entend des vagissements et trouve l'enfant à moitié enfoui dans la terre; il le retire, l'enveloppe et l'emporte en sa maison, où les servantes accourent pour le laver. Mais les immondices dont il était couvert et l'odeur du pauvre petit corps leur causèrent un tel dégoût qu'elles s'écartèrent sans vouloir le toucher. *Pierre Tong* le lava lui-même, le revêtit d'habits propres et le déposa sur un bon lit, en disant : « Je remercie Dieu; il a voulu que je sois seul à recueillir le mérite de la belle chasse qu'il m'a fait faire aujourd'hui. » Il fit baptiser l'enfant et l'entoura de soins paternels, comme ses autres petits protégés.

— Une bouche de plus à nourrir, une âme de plus à sauver : le mandarin *Pierre Tong* était tout heureux!

Une visite au Seng=Mou=yeu

Pan, pan!

« Qui est là ?

— Ma Mère, ce sont de petits Associés de la Sainte-Enfance, qui viennent voir vos orphelines.

— Entrez, chers enfants, et soyez les bienvenus. Ici, on vous aime et on vous est reconnaissant. Venez donc voir ce que nous accomplissons ensemble pour la gloire de l'Enfant Jésus. Tandis que vous priez et que vous faites l'aumône, en France, en Europe et en Amérique, nous travaillons, nous, en Chine, grâce à vos prières et à vos aumônes, pour sauver les enfants chinois.

Il en est déjà parti d'ici pour le Ciel des milliers et des milliers. Il en part tous les jours. C'est un va-et-vient continuel d'Anges invisibles, qui descendent chez nous recueillir les âmes des petites élues, mortes après leur baptême.

— Oh! ma Mère, quelle grande maison que le *Seng-Mou-yeu!*

— Mais oui. *L'Enclos de la Sainte-Mère* n'est pas une maison ; c'est tout un quartier, une vraie cité. Dans l'Orphelinat seul, vous ne pourrez pas tout voir en une fois, si vous êtes pressés. Que préférez-vous visiter?

— Les plus petites, ma Mère.

— Très bien. Je vais donc vous en montrer de trois catégories. Et, comme souvenir, à remporter et à montrer aux Associés d'Europe, je vous offrirai trois photographies.

— Bravo, bravo!

— Voici d'abord les pauvres petites, peu après qu'elles nous ont été apportées. Je ne vous les montre pas dans la paille ou les haillons qui les couvraient, lorsque nous les avons reçues. Car la première chose qu'on fait, c'est de laver leur âme du péché par le saint baptême, puis de laver leur pauvre corps, souvent bien sordide. Alors, nous les emmaillotons dans du linge propre, dont nous avons toujours une bonne provision.

Voyez : sur le lit, il y a dix de ces petites, auxquelles trois personnes sont occupées à donner le biberon. Mais sur ces dix, il y en a probablement cinq, six ou sept, qui vont mourir avant quelques jours ou quelques semaines. Les pauvrettes, elles ont tant souffert!

Celles qui auront pris des forces et grandi passeront dans la deuxième catégorie.

Sur la seconde photographie, regardez-les, assises dans une salle, où trois personnes encore, bol de riz et cuiller en mains, distribuent la bec-

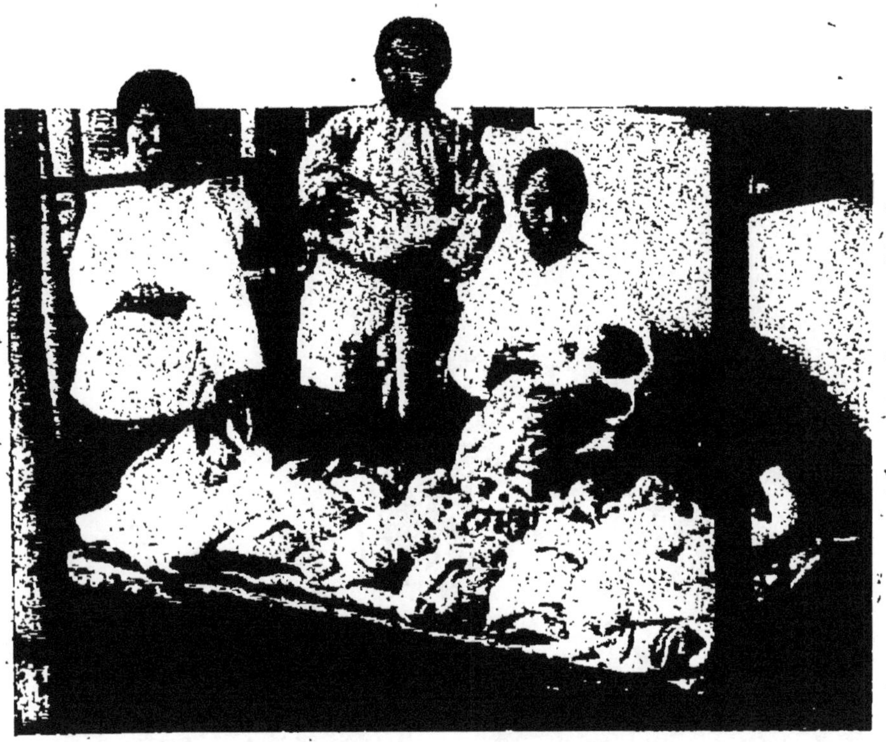

Dix toutes petites, qu'on nourrit au biberon.

quée à ces petits oiseaux du bon Dieu, qu'on peut appeler les fauvettes de la Sainte-Enfance.

Il y en a trois, à droite, dans la chaise-berceau en bambou ; mais deux visages sont presque cachés par les manches de la servante chinoise qui présente une cuillerée de riz au troisième poupon. Chacun son tour, et point de jaloux!

Devant la statue de Notre-Dame de Lourdes, on mène chaque jour celles qui savent marcher et d'autres, déjà grandelettes. C'est la troisième catégorie. On les fait prier pour l'Eglise, pour la Sainte-Enfance et pour la Mission. La Mère Auxiliatrice (la *Mou-Mou*), que vous voyez sur la gauche, prononce quelques mots chinois, qui sont une demande

La becquée aux petites fauvettes de la Sainte-Enfance.

à la *Sainte-Mère*. Toutes ces petites la répètent docilement. Nous faisons passer ainsi, par ces bouches innocentes, les intentions les plus pressantes. Ces chères enfants ne comprennent pas toujours ce qu'on leur fait ainsi demander. Mais la *Sainte-Mère Marie* comprend très bien, elle, et nous exauce.

Puisqu'il vous faut si tôt quitter le *Seng-Mou-yeu*, mes chers enfants, expliquez vous-mêmes là-bas tout le bien que fait ici la Sainte-Enfance, afin que tous les Associés deviennent de plus en plus généreux au

La prière des orphelines à N.-D. de Lourdes.

service du bon Dieu. Des milliers de petits Chinois y gagneront le Paradis.

Cloche d'or

Le petit *Mao*, de son prénom *Kin T'chong* (Cloche d'Or), vint au monde dans un village appelé *Mao-*

kia wo-tse, le *Nid de la famille Mao*. Vrai nid, en effet, avec sa ceinture de saules, de mûriers et de jujubiers.

Là, s'étaient réfugiés, pendant une année de disette, une trentaine de familles, émigrées du Nord, qui vivaient bien modestement de leur travail.

On rappelait souvent à ces familles leur pauvre origine, et l'on disait : « Que peut-il sortir de bon d'un trou de hiboux, tel que le *Nid de la famille Mao* »?

Ne lisons-nous pas, dans le saint Evangile, une parole toute pareille, à propos de Nazareth, où avait grandi l'Enfant Jésus? « Peut-il sortir de Nazareth quelque chose de bon? »

Ce trait de ressemblance avec Jésus devait porter bonheur au petit *Mao*, mais après bien des souffrances. Il survint, dans la région, des troubles et des brigandages, comme il arrive souvent en Chine. Le village n'était plus sûr. Le petit *Mao* dut s'en aller mendier vers le Nord, son pays d'origine. Il avait alors onze ans, et déjà il était orphelin.

Cloche d'Or était, nous disent ceux qui l'ont connu jeune, un enfant propret et pacifique, d'une nature droite, d'un caractère aimable, d'un cœur bon et généreux.

On le vit donc, ses grands yeux noirs remplis de larmes, quitter son village, que désolaient la famine et les brigands.

Une dernière fois, il brûla un peu d'encens et de papier-monnaie sur le tombeau de son père et de sa mère. Ce sont là des superstitions, sans doute ; mais le pauvre enfant, élevé dans le paganisme, ne connaissait encore que ce moyen-là pour prouver à ses chers parents défunts sa piété filiale.

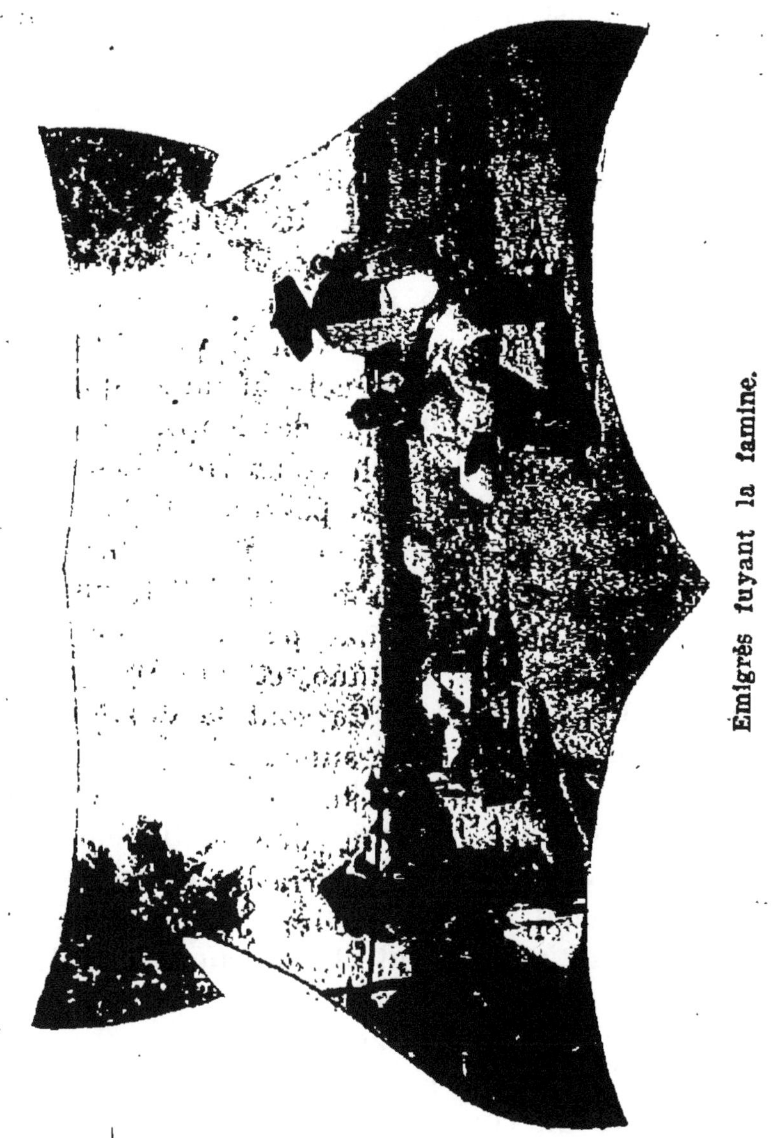

Emigrés fuyant la famine.

Un vieil oncle restait au petit *Mao* ; ils partirent ensemble. Le pauvre mobilier fut casé aisément sur une brouette, que l'oncle poussait et que l'enfant tirait par devant. Ils se joignirent à d'autres fugitifs.

Oh ! que c'est triste, un convoi de paysans qui émigrent! J'ai vu moi-même, en une seule journée, passer plus de cent brouettes, c'est-à-dire plus de cent familles, fuyant la misère et la famine. De pauvres gens amaigris, en haillons, se traînent avec peine ; leur corps est épuisé, ils font pitié. Parfois, on les repousse de partout. Il n'y a point de place pour eux, comme il n'y en eut pas à Bethléem pour Jésus, Marie et Joseph. Ils ont encore à se défendre des chiens chinois affamés, qui sont méchants, presque autant que des loups.

Cloche d'Or allait ainsi, le cœur gros. Il chantait pourtant, afin d'apitoyer les passants. Il tapait sur son claquoir de bambou et répétait : « Une petite sapèque (un petit sou), un bol de millet, un morceau de pain noir, s'il vous plaît ; et vous serez heureux, et vous ferez fortune, et tous vos garçons deviendront bacheliers! » Ce sont là des formules chinoises pour obtenir une aumône.

L'oncle et le neveu marchaient, marchaient toujours, à l'aventure, comme une feuille emportée par le vent, après avoir été arrachée de son arbre.

Mais, en dépit de leur courage, leurs forces diminuaient : ils mangeaient et dormaient si mal!

Quand ils eurent fait bien des lieues, l'oncle mourut de misère, en pleine campagne.

Cloche d'Or, alors, se sent défaillir. Là, sur le chemin, près du corps de son oncle, près de la brouette, qu'il ne peut traîner seul, il tombe sur la lisière d'un champ, vaincu par la faim et par le chagrin. Il pense, en sanglotant, qu'il sera bientôt dévoré par les chiens errants et les oiseaux de proie. Il s'évanouit, et le voilà couché tout de son long sur le rebord du fossé.

Le bon Dieu veille toujours et partout sur les enfants au cœur droit, et il a compassion de leur détresse.

Voici ce que *Cloche d'Or*, devenu grand, m'a bien des fois raconté.

« Lorsque je tombai, à bout de forces, sur le chemin, je perdis connaissance. J'eus alors une rêve. Je voyais une dame blanche et belle, plus belle que toutes celles que j'avais jamais vues. Elle me tendit la main, me releva et me conduisit dans une hôtellerie. Là, me versant sur la tête une liqueur, elle me guérit subitement, me rendit des forces et remplit mon cœur d'une grande joie. »

Quand *Cloche d'Or* revint à lui, il n'était plus sur le bord du sentier. En ouvrant les yeux, il vit à ses côtés un étranger à longue barbe ; il crut rêver encore.

Mais non! Cette fois, ce n'était plus un songe. Il était dans la maison d'un missionnaire catholique, qui l'avait trouvé et ramassé évanoui, qui était près de lui, qui lui souriait et qui lui prodiguait ses soins, comme un père à son enfant. Oh! que cela lui parut bon!

Cloche d'Or reprit vite ses forces. Il raconta au Père ses aventures et sa misère. Il était orphelin, sans ressources, sans pain, sans maison : une vraie perle de la Sainte-Enfance! Il devint, par là même, l'enfant privilégié du missionnaire, qui lui donna d'abord la nourriture, les habits, le logement. Mais un plus grand trésor lui était préparé par la Providence.

Le Père instruisit son enfant adoptif, voulant faire de ce petit païen un bon serviteur du vrai Dieu. La nature droite et l'esprit ouvert de *Cloche d'Or* facilitèrent son instruction. Au bout de six mois, il savait ses prières et son catéchisme. Il eut le bonheur d'être baptisé, sous le nom de Vincent.

Cloche d'Or, devenu *Vincent Mao*, ne cessa, en ce beau jour, qui fut aussi celui de sa première communion, et durant toute sa vie, de penser à la belle Dame qu'il avait vue en rêve verser sur son front la liqueur mystérieuse et fortifiante. Il remerciait de toute son âme la *Sainte-Mère Marie* de la grâce de son baptême. Ah! il l'aimait, sa Mère du Ciel, de tout son cœur d'enfant.

Le jeune néophyte, d'une intelligence peu commune, grandit en âge et en science, avec de vifs sentiments de piété et de reconnaissance pour Dieu et pour ses bienfaiteurs. A l'école du missionnaire, il étudia les livres chinois et apprit même un peu de latin. Il servait la Messe au prêtre et connaissait parfaitement les cérémonies de l'Eglise, en particulier la manière de baptiser.

Quand vint le moment de choisir une situation pour l'avenir, il voulut être médecin. En Chine, cette profession n'exige pas une science très étendue. Il ajouta, aux quelques connaissances que possèdent les autres médecins chinois, de précieuses leçons du missionnaire européen pour guérir les fièvres et les principales maladies du pays.

Vincent Mao réussit à merveille dans la médecine. Il put bientôt regagner son village, le *Nid de la famille Mao*, avec une bonne réputation. Sa renommée ne fit que grandir, à cause de ses sentiments consciencieux et désintéressés, que la foi lui inspirait.

Il avait alors vingt ans. Dans cette contrée de la Chine où il revenait, et qui était vaste comme plusieurs départements français, *Cloche d'Or*, ou *Vincent Mao*, était le premier et le seul chrétien.

Vincent fixa son enseigne de médecin à *Kan-tan*, gros bourg situé à une lieue du *Nid de la famille Mao*.

Chaque année, colportant ses simples, ses emplâtres et ses pilules, il retournait une fois vers le missionnaire qui l'avait sauvé et élevé, afin de le revoir, de le remercier, de se confesser et de communier. C'était un long voyage!

En route, il soignait les malades, baptisait les petits enfants qui allaient mourir et les envoyait au Paradis. Lorsqu'il en trouvait l'occasion, il parlait aux païens du vrai Dieu et de l'Evangile, remplissant déjà les devoirs d'un bon catéchiste.

Mais voilà que, une année, puis deux, le *Père spirituel*, qui avait recueilli *Cloche d'Or*, ne le vit plus venir ! Il l'aimait comme son enfant : ne lui avait-il pas sauvé la vie du corps et donné la vie de l'âme? Son inquiétude et son chagrin étaient bien grands. Il priait ; il le recommandait à la Sainte Vierge de tout son cœur. Il réfléchissait aussi

tristement : « Mon Dieu, que devient *Vincent?*
Serait-il malade, mort peut-être ? ou bien perdu, là-
bas au milieu des païens, aurait-il cessé de prier et
de servir le bon Jésus? » Cette dernière crainte affli-
geait le missionnaire plus que tout le reste.

Trop éloigné et trop occupé par ses chrétiens
pour aller lui-même au *Nid de la famille Mao,* le
Père se décida à écrire au missionnaire le plus proche (qui habitait encore bien loin de *Cloche d'Or*),
pour lui apprendre qu'il se trouvait, à *Kan-tan,* un
médecin ambulant, jadis baptisé par lui, nommé
Vincent Mao, et, quand il était petit, *Cloche d'Or.*
La lettre se terminait ainsi : « Cette brebis, égarée
au milieu des loups, est la vôtre, mon Père, par le
territoire qu'elle habite. Prenez-en donc soin, et
tirez-moi d'inquiétude sur son état. »

Le missionnaire, ainsi averti, entreprit aussitôt
l'expédition. Une expédition bien apostolique, en
brouette, avec un simple domestique, qui lui servait en même temps de catéchiste. On avançait, à
petites journées de cinq à six lieues, à travers des
villes, des bourgs et des hameaux inconnus.

Sur la brouette, le Père avait sa caisse de Messe
(c'est-à-dire tout ce qui est nécessaire pour célé-
brer la Messe), et une couverture pour lui servir de
literie.

Au milieu de la nuit, afin de ne pas attirer l'at-
tention des païens, qui n'y auraient rien compris,
le prêtre catholique, assisté par son domestique
chrétien, disait la Messe, qu'il offrait au bon Dieu
pour ces millions de pauvres païens, ignorants de
la vraie religion, au milieu desquels il voyageait.

Le brouettier du missionnaire.

Enfin, après soixante ou soixante-dix lieues, il arriva à *Kan-tan*. Là, discrètement, 'le domestique du Père s'informe d'un médecin, appelé *Vincent*

Mao. Le soir même, celui-ci se présente à l'auberge où le missionnaire logeait.

Tout d'abord, il ne sait pas à qui il parle. Car, si le Père a la barbe et les cheveux blancs d'un missionnaire, il s'exprime si bien en chinois et porte si aisément le costume du pays, que rien ne montre, à première vue, qu'il est européen.

Devant les païens, qui regardent curieusement la scène, on parle d'abord de la pluie et du beau temps, ensuite de drogues et de quinine, et enfin des choses de la religion. *Vincent* se demande : « Mais qui donc est ce vieillard? — Serait-il aussi chrétien? »

Lorsque, enfin, ils se trouvent seuls, tous les curieux s'étant retirés, l'inconnu lui dit : « *Vincent*, je suis un Père spirituel (*Chen fou*). Je viens de faire plus de soixante lieues pour te chercher. On m'a dit que tu étais bon chrétien ; est-ce toujours vrai? »

Vincent, tout en larmes, tombe aux genoux du missionnaire. Ces paroles, si simples et si paternelles, ont bouleversé son âme bien chrétienne, mais attiédie et assoupie par le voisinage continuel des païens. Ses souvenirs les plus doux lui reviennent au cœur : la Dame de son rêve d'enfant, si belle et si bonne ; le Père qui l'a recueilli mourant, l'a guéri, baptisé et élevé; sa première communion, sa consécration à la *Sainte-Mère ;* ses voyages de chaque année, lorsqu'il était encore fervent. Il sanglote aux pieds du Père. Puis, relevant la tête : « Père, dit-il, ne restons pas ici. Dans ce bourg, les gens sont méchants ; ils pourraient vous maldire et vous frapper. Dès demain, à l'aube, je vous emmène dans mon petit village, où j'ai maison et jardinet. Vous serez là chez vous, et vous y resterez. »

Le lendemain, de grand matin, le Père et *Vincent* arrivent au *Nid de la famille Mao*. La maison de *Vincent* a sept mètres de long sur quatre de large. Dans cette paillote, que les missionnaires ont toujours voulu conserver comme un touchant souvenir, le Père resta plus de trois mois. Elle rappelle bien l'étable de Bethléem, la première demeure de Jésus dans ce monde. Et, chaque jour, en effet, Jésus y venait, comme dans l'étable ; car le prêtre célébrait la Messe, que *Vincent* lui servait.

Dès qu'on apprit, dans le village, la présence d'un prêtre européen, *Vincent* se déclara courageusement et publiquement chrétien. Mais les autres habitants, épouvantés, se crurent perdus. C'est que les mandarins de la région, comme tant d'autres alors, étaient hostiles, qu'aucun étranger à la Chine n'avait encore pénétré jusque-là et que les habitants redoutaient la colère des mandarins.

Le garde-champêtre (*ti-pao*) et le Notable (*tsuen-tchang*) coururent au tribunal du magistrat, pour dénoncer le missionnaire. Le mandarin leur ordonna de mettre le Père en quarantaine et de lasser sa patience, sans toutefois lui faire de mal.

Aussi, les habitants du hameau firent-ils le serment, par crainte des châtiments du mandarin, de ne jamais se faire chrétiens.

Comme si nous ne devions pas craindre le bon Dieu plus que les hommes!

Seul, avec *Vincent*, un païen du peuple se montra brave et n'eut pas peur des menaces ; c'était le barbier du village. On eut beau lui déclarer : « Si tu

Perruquier chinois (au temps où l'on portait la tresse).

coiffes l'Européen, tu ne coifferas plus personne d'ici. — Tant pis, répondit-il, je coifferai l'Européen. » Les cheveux, tels qu'on les portait alors dans toute la Chine, devaient être rasés au-dessus du front, puis tressés en natte, par derrière, au moins deux fois par semaine. Le barbier tint parole et ne perdit point sa clientèle ; car, tout bas, les plus poltrons disaient qu'il avait raison et qu'il était courageux.

Cependant, le Père était bien triste de ne pouvoir convertir ces pauvres païens. Quelquefois, en voyant leur obstination, il pleurait et voulait s'en aller. Mais comme il priait ! Il priait avec *Vincent*, devenu dès le premier jour son catéchiste, et qui restera catéchiste fidèle des Pères jusqu'à sa mort. Il priait et il offrait le Sacrifice de la Messe, pour fléchir la miséricorde du bon Dieu en faveur de ces âmes.

Une fois de plus, la prière et la charité l'emportèrent sur la malice et le démon.

Plusieurs enfants et jeunes gens, par curiosité, s'approchèrent d'abord du missionnaire ; il les combla de caresses et de petits présents. Il gagna leur cœur.

Puis, les enfants amenèrent peu à peu leurs parents, en leur racontant la bonté du *Père spirituel*. Les parents aussi se laissèrent toucher.

Enfin, sur trente familles, après beaucoup de patience et de souffrance, huit consentaient à se faire inscrire comme catéchumènes, c'est-à-dire se déclaraient prêtes à renoncer aux superstitions et à apprendre les prières et la doctrine catholiques, afin d'obtenir le baptême.

Quel bonheur pour le missionnaire, récompensé de ses peines, de ses larmes et de ses prières !

Vincent, lui aussi, était dans la joie. Il promet au Père que, s'il veut bien rester encore, le village entier se convertira. Lui-même, il travaillera *au*

Catéchiste et maître d'école.
(La leçon d'écriture.)

service de la religion, selon l'expression chinoise, non seulement comme catéchiste, mais comme maître d'école et comme médecin gratuit. Dieu aidant, il persuadera tous ses compatriotes.

En effet, un an ne s'était pas écoulé, que les chefs des trente familles avaient résolu de devenir chrétiens : cela faisait plus de deux cents âmes dans un tout petit hameau! Or, en pays païen, deux cents chrétiens, bien groupés et s'encourageant les uns les autres, valent mieux que mille chrétiens éparpillés et comme noyés au milieu des païens.

Maintenant, les années ont passé. Le *Nid de la famille Mao* a une jolie église, avec un Père qui réside là. Les enfants des trente familles ont été soigneusement élevés et instruits dans nos écoles. Parmi eux, on a formé de bons catéchistes pour de nouveaux postes d'évangélisation en cette région.

Sans doute, ce résultat est dû au bon Dieu et aux missionnaires. Mais notre cher *Vincent* en a bien sa part. Son dévouement envers les Pères ne s'est jamais démenti. Il était leur intendant, en même temps que leur catéchiste, achetant et payant ce qu'il fallait pour nourrir le Père, ses écoliers et les gens de sa maison. Et tous attestent qu'ils ne trouvèrent jamais de Chinois plus honnête.

Du reste, *Cloche d'Or* est né pauvre, il a vécu pauvre, il est mort pauvre, alors que tant d'autres, à sa place, auraient amassé une jolie fortune.

Son bonheur était d'être avec les *Pères spirituels*. Il prenait même souvent la bêche et l'arrosoir pour entretenir un petit jardin devant la tombe d'un missionnaire européen, décédé et enterré dans son village.

Il mourut paisiblement dans les bras du sixième

missionnaire qu'il avait servi, comme catéchiste et intendant. Il étouffa d'un cancer à la gorge, sup-

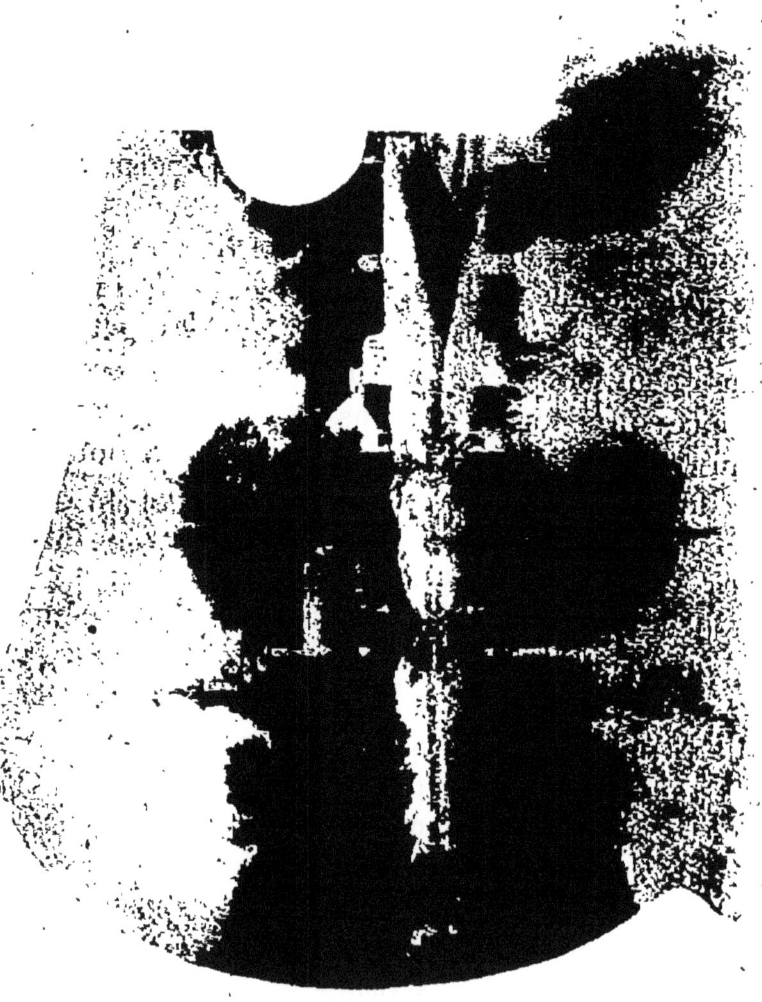

porté avec une grande patience, et il parut devant Dieu avec beaucoup de mérites.

Cloche d'Or a été, au *Nid de la famille Mao*, le

grain de séneve dont parle l'Evangile, grain qui croît et qui devient un bel arbre.

Lorsque le petit orphelin d'autrefois contemple, du haut du Ciel, son pays natal, il loue Dieu, et il bénit la belle Dame qui lui apparut en rêve, sur le chemin où il était évanoui et où il allait mourir païen. De quelles grâces ce bienfait avait été la source!

Car, là où, il y a vingt-trois ans, pas une âme ne connaissait encore Jésus et Marie, on compte aujourd'hui, dans la patrie de *Cloche d'Or*, 1.470 néophytes en 61 chrétientés, et plus de 1.700 catéchumènes, qui occupent 8 missionnaires.

Loué soit Dieu et bénie soit Marie, qui ont pitié des orphelins!

Chers Associés,

L'histoire de Cloche d'Or, de Phiphine, et tant d'autres, que nous vous avons racontées fidèlement, vous ont montré les souffrances des petits Chinois et le bien que leur font les missionnaires, grâce à notre Œuvre.

J'espère que cette lecture vous rendra tous de plus en plus généreux au service du bon Jésus, de qui vous avez reçu tant de grâces, et de plus en plus dévoués à la Sainte-Enfance.

TABLE DES MATIÈRES

IMP. P. TÉQUI, 94, RUE DE VAUGIRARD, PARIS-VIe.

P. Téqui, libraire-éditeur, 82, rue Bonaparte, Paris-VI°.

R. P. GIBERT S. J.

LES PETITS CHINOIS

OU

LA SAINTE-ENFANCE
AU VICARIAT DE NANKIN

Histoires vraies avec illustrations

PREMIÈRE SÉRIE

Prix : 1 fr. 50 ; franco 1 fr. 75 ; étranger 2 fr.

Le Père Gibert, secrétaire général de la Sainte-Enfance vient de faire paraître un recueil d'Histoires qui fera le charme de tous les petits associés de cette belle Œuvre. Il y a des traits si touchants, de si émouvantes histoires et quelques-unes si pittoresques dans ce recueil que leur lecture sera une récompense très désirée dans les catéchismes ou dans les écoles. Mais n'y aura-t-il que les petits à les lire ? « Si Peau d'âne ne m'était contée, j'y prendrais un plaisir extrême.» On trouvera mieux que Peau d'âne en ces histoires car ce ne sont pas des contes bleus, mais des pages vécues où il s'agit du salut des âmes.

Nous sommes heureux de recommander à tous nos lecteurs ce charmant petit volume.

Le Catalogue de la librairie TÉQUI, contenant un certain nombre d'ouvrages sur les Missions, sera envoyé franco à toute personne qui en fera la demande.